Gerald Hau • Claus-Peter Hutter

Nördliche Sporaden

Natur zwischen Inseln und Meer

Natur-Reiseführer durch die faszinierende
Inselwelt der nördlichen Ägäis

Naturerbe Verlag Jürgen Resch

Stockacher Straße 11 • 88662 Überlingen
Tel.: 07773-5767 Fax: 07773-7320

Layout: Marion Hammerl
Lektorat: Alfred Hau, Patricia Seahpour
Druck: Druckerei Wachter, Bönnigheim
Printed in Germany

ISBN 3-9803350-7-0

Die Autoren:

Claus-Peter Hutter
Jahrgang 1955, ist Präsident der Stiftung Europäisches Naturerbe und Leiter der Umweltakademie des Landes Baden-Württemberg. Als Autor und Herausgeber zahlreicher – zum Teil mit Preisen ausgezeichneter – Bücher zur Naturbewahrung und als Initiator verschiedener nationaler und internationaler Umweltkampagnen setzt er sich für eine breite gesellschaftliche Etablierung ökologischer Themen ein. C.-P. Hutter gilt als einer der erfolgreichsten Umweltschützer bei der Suche nach neuen Wegen für die europäische Umweltverständigung, Claus-Peter Hutter arbeitet dabei für die Integration moderner Management-Methoden in der Naturbewahrung.

Gerald Hau
Jahrgang 1966, ist Diplom-Geograph und sowohl an praktischen Naturschutzprojekten als auch an konzeptionellen Maßnahmen zum Arten- und Lebensraumschutz beteiligt. Für die Umweltakademie beim Ministerium für Umwelt Baden-Württemberg baute er ein internationales Naturschutz-Jugendworkcamp-Programm auf. Als Leiter verschiedener Mittelmeer-Projekte der Stiftung Europäisches Naturerbe widmet er sich vor allem dem Schutz der Mönchsrobbe in Griechenland, an der Küste der Westsahara und Mauretaniens. Gerald Hau gehört verschiedenen internationalen Fachgremien an und setzt sich im Nahen Osten für die Förderung des Umweltdialogs im Rahmen des Friedensprozesses ein.

Dieses Buch ist Dr. Thomas Schultze-Westrum, den Fischern von Alonnisos und all jenen gewidmet, die sich für die Schaffung des Meeresnationalparks Nördliche Sporaden eingesetzt haben und mit großem Engagement für die Bewahrung dieses einmaligen europäischen Natur- und Kulturerbes kämpfen.

Die grelle Sonne der Ägäis

bringt die fast senkrecht aus dem Meer aufragenden Marmorfelsen so richtig zum Leuchten. Das klare, mal tiefblaue, mal türkisfarbene Wasser erlaubt in Ufernähe den Blick auf den sandigen und felsigen Untergrund, über den sich ein mächtiger, fast ein Meter langer Oktopus gemächlich vorwärts schiebt. Vor den bizarren Felswänden ziehen wendige Eleonorenfalken laut rufend ihre Kreise. Draußen vor der Insel durchpflügen Delphine mit eleganten Sprüngen scheinbar schwerelos die Wellen.

Wir sind im Bereich der Nördlichen Sporaden, jener Inselgruppe der Ägäis zwischen der Insel Euböa im Süden und den drei Landfingern von Chalkidiki im Norden. Die Inselgruppe schließt sich an die Südostecke der Pilion-Halbinsel an und erstreckt sich, eine Bogenlinie bildend, zunächst in südöstlicher Richtung, dann nach Nordosten in Richtung Kleinasien. Auf der Landkarte sind die Nördlichen Sporaden gerade mal kleine, kaum auffallende Farbkleckse. Tatsächlich aber sind diese Landflecken inmitten der sagenumwobenen Ägäischen See Inseln in vielfachem Sinne.

So wie die Erdgeschichte Inseln vergehen und entstehen ließ, hat jede Epoche in der Menschheitsgeschichte ihre eigenen Mythen. In diesem Sinne sind die Nördlichen Sporaden auch mythische Inseln. Der Zyklop in Homers „Odyssee" soll in einer Höhle der Insel Jura sein Versteck gehabt haben. Unabhängig davon, ob nun Odysseus tatsächlich gelebt hat und mit seiner Mannschaft wirklich die Inselwelt der Ägäis durchsegelte, sind die Nördlichen Sporaden auch Inseln im großen Meer der Menschheitsgeschichte. Ob Griechen, Ägypter, Phönizier, Perser, Römer, Byzantiner, Venezianer: Die Seewege vieler Kulturen führten immer wieder in das Gebiet der Nördlichen Sporaden. Die Sporaden mit ihrer besonderen Tier- und Pflanzenwelt sind auch Überlebensinseln. Sei es nun für Tiere und Pflanzen, die dort das ganze Jahr über leben, oder für die Zugvögel, denen diese Inseln auf ihrem langen Flug in die Winterquartiere Westasiens und Afrikas überlebensnotwendige Rastplätze bieten. Betrachtet man das Vorkommen hoch bedrohter Arten und verschiedener endemischer Pflanzen und Tiere – also von Lebewesen, die nur hier vorkommen und sonst nirgendwo auf der Erde –, so sind die Nördlichen Sporaden so etwas wie die „Galapagos-Inseln" Europas, nur nicht ganz so spektakulär. Und als Meeresnationalpark ist das Gebiet Schutzinsel aus Land und Meer.

Ein Schutz, der letztlich nur dann wirksam sein kann, wenn die Funktion als Urlaubsinseln nicht übertrieben wird und der Tourismus nicht das Boot überlädt, in dem er selbst sitzt. Dann kann der Bereich der Nördlichen Sporaden das bleiben, was Reisende auch heute noch entdecken können, nämlich eine faszinierende Inselwelt zum Ein- und Abtauchen, Inseln, um Zeit zu gewinnen und um ganz bewußt den Alltag zu vergessen. Helfen Sie mit, diese Inselwelt zu erhalten!

Claus-Peter Hutter	Gerald Hau
Präsident	Projektleiter
EURONATUR	Mittelmeer

Inhalt

Verträumte Inselwelt im Portrait

Zwölf Uhr mittags – jetzt brennt die Sonne besonders gnadenlos auf die Hauswände. Ob in den engen Gassen der Inselhauptstadt von Skopelos oder im kleinen Ort Patitiri auf Alonnisos: Überall – ja selbst in den Seitengassen des schon vom Tourismus beherrschten Skiathos – verbindet sich das scheinbar gegensätzliche Spiel von Sonne und Schatten zu einem reizvollen, impressionistisch anmutenden Lichtmosaik. Impressionen von allen Seiten – viel zu schade wäre es, jetzt auszuruhen: es gibt ja so viel zu sehen, zu entdecken und zu erleben.

Wer einen Besuch in der Inselwelt der Nördlichen Sporaden nicht als banalen Urlaub, sondern eher als Reise im herkömmlichen Sinne versteht, kann buchstäblich in eine der faszinierendsten Natur- und Kulturregionen Europas eintauchen. Die Inselwelt der Nördlichen Sporaden erschließt sich den aufgeschlossenen und unvoreingenommenen Besuchern auf vieltausendfache Weise: ägäisches Sonnenlicht, Meer, Wellen, verträumte Gassen, lautes Hafentreiben, verschlafene Alte auf wackligen Flechtstühlen, kreischende Möwen, stinkender Fisch, schattige Olivenhaine, blumenbunte Terrassenfelder, knatternde Mopeds, grüne Bergwälder, einsame Eselspfade, jahrhundertealte Kirchen, romantische Festungsruinen, bunte Schmetterlinge, dahinhuschende Eidechsen, jagende Falken, springende Delphine und vieles mehr.

Ob jung oder alt: beim Blick in die aufgeschlossenen Gesichter der Einheimischen werden Jahrtausende Menschheitsgeschichte lebendig. Klassische Helleninnen, Römer, Perser, Phönizier, Ägypter, Byzantiner, Venezianer und auch so mancher Normanne blicken uns mit ihren wachen Augen entgegen. Wo immer uns auf den Inseln heimische Bewohner begegnen, wird deutlich, daß die Ägäis ein uralter Schmelztiegel – einem kulturellen Reißverschluß gleich – zwischen Europa, Asien, dem Nahen und Mittleren Osten und Nordafrika ist. Ein Schmelztiegel, der nicht nur landschaftliche und kulturelle, sondern auch genetische Spuren hinterlassen hat.

Die Nördlichen Sporaden sind aber auch in vielfacher Weise ein ökologischer Schmelztiegel. Besonders während des Vogelzuges im Herbst und im Frühjahr sind die Inseln Drehscheibe im internationalen System der Rast- und Überwinterungsquartiere für unzählige Zugvögel. Die Welt und insbesondere national isoliertes Denken wird klein, wenn man begreift, daß Natur keine Grenzen kennt. Die Inseln der Nördlichen Sporaden sind bedeutende ökologische Bausteine unseres Naturerbes. Und alle dorthin Reisenden haben die Möglichkeit, für dessen Erhaltung etwas zu tun!

Hunderttausendfach rund um die Erde fotografiert, faszinieren Sonnenuntergänge doch immer wieder aufs neue. Wer den Sonnenuntergang auf der noch nicht vom Tourismus zerstörten Insel Alonnisos erlebt hat, wird sich vehement für die Erhaltung dieses Naturparadieses im Bereich der griechischen Ägäis einsetzen.

Inselwelt in Steckbriefen

Alonnisos – Basis des Meeresnationalparks Nördliche Sporaden

Lage: 35 Seemeilen nördlich von Euböa, 68 Seemeilen von Volos auf dem Festland entfernt

Größe: 64 Quadratkilometer

Küstenlänge: 65 Kilometer

Größte Siedlung: Hafenstädtchen Patitiri

Einwohner: rund 1600

Höchste Erhebung: Berg Kouvouli, 476 m

Historische Bezeichnung: Ikos (Altertum), später Cheliodròmia. Fischer sprechen noch heute oft von Liadròmia.

Links: Blick auf die Hafenbucht von Patitiri, wo sich der Hauptort von Alonnisos befindet. Oben: Hoch oben auf einem schützenden Hügel war einst Alt-Alonnisos gebaut. Heute ist das Dorf eine Geistersiedlung, die nur über wenige Wochen im Sommer von einigen „Aussteigern“ bewohnt ist.

Nachdem wir uns nun der Hafeneinfahrt nähern, senkt sich der „Flying Dolphin“ langsam und wird vom Tragflügelboot wieder zum normalen Schiff. Irgendwie erinnern uns die Boote an die „Nautilus“ von Kapitän Nemo in dem Roman „*Fünfzigtausend Meilen unter dem Meer*“.

Doch das hier ist Realität: Die Dieselboote stammen aus Rußland, wo sie auch auf der Wolga verkehren. Ein griechischer Reeder hat sie irgendwann einmal von den Russen gekauft und für den Inselverkehr in der Ägäis umgerüstet. Heute gehören die „Flying Dolphins“ – wie in unseren Städten die U-Bahnen und Busse – zum gewohnten Bild in den Häfen der bewohnten Sporadeninseln und auf ihren Wasserstraßen zum Festland.

Das lange Zeit von den Touristenströmen abgeschnittene Alonnisos ist damit, ebenso wie durch die regelmäßig anlegenden großen Fähren, an die „große, weite Welt“ angeschlossen. In der lieblichen Hafenbucht von Patitiri empfängt uns nicht nur kristallklares Wasser, sondern auch eine eigentümliche, wohltuende Ruhe und Beschaulichkeit, die nur dann und wann von knatternden Mopeds unterbrochen wird.

Trotz der Etablierung einiger Hotels hat die Insel ihren ursprünglichen Reiz bewahrt. Damit dies so bleibt, arbeitet die *Stiftung Europäisches Naturerbe* zusammen mit dem *Ecological and Cultural Movement of Alonnisos*, der lokalen Fischereikooperative, der Hotelbesitzervereinigung und anderen heimischen Gruppierungen an der Verwirklichung von praktischem Naturschutz und integrierten Tourismuskonzepten, die mit den Zielen des Meeresnationalparks übereinstimmen sollen.

Einzige bewohnte Insel im eigentlichen Nationalparkbereich

Alonnisos ist Teil des Meeresnationalparks Nördliche Sporaden und die einzige bewohnte Insel im engeren Bereich des Parks. Sie und die unbewohnte Nachbarinsel Peristera gehören zur Zone B des Nationalparks, in der noch keine besonderen Schutzbestimmungen gelten. Da Alonnisos jedoch die Verwaltung des Parks beherbergen wird, den besten Zugang zum Park bietet und der Park nicht ohne wirtschaftliche Bedeutung für die Bewohner ist, wurde die Insel in das Nationalparkkonzept mit aufgenommen. Die Zone A des Nationalparks mit Unterzonen unterschiedlicher Schutzkategorien liegt östlich von Alonnisos und umschließt das gesamte Gebiet der „Verlassenen Inseln". Alonnisos ist also Basis und Ausgangspunkt zum Meeresnationalpark, und letztlich

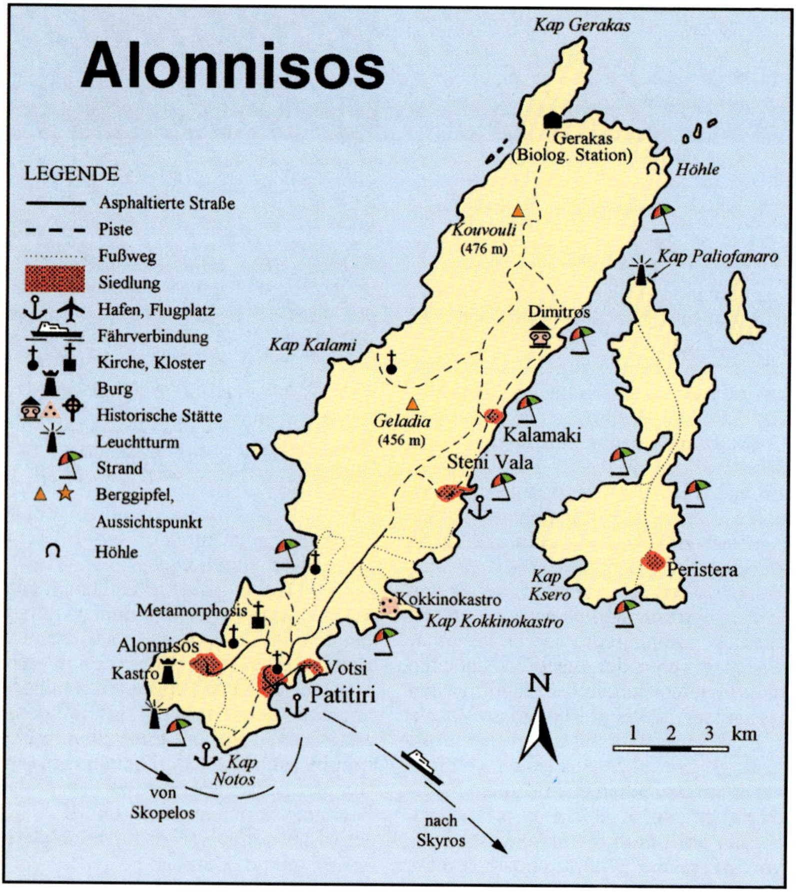

hängt die Verwirklichung der Schutzziele des Parks hauptsächlich von der Unterstützung durch die Bevölkerung von Alonnisos ab, welche die Nationalparkidee glücklicherweise seit Jahren befürwortet. Gegründet zum Schutz der Mönchsrobben, die im Park nur äußerst selten zu beobachten sind (und deren letzte Rückzugsgebiete in Ruhe gelassen werden müssen, weshalb wir deren Standorte auch nicht nennen), bietet die Inselgruppe der Nördlichen Sporaden Lebensraum für eine vielfältige Fauna und Flora.

Werden Grundregeln des naturnahen Tourismus beachtet, kann auf Alonnisos ein repräsentativer Ausschnitt der Natur der Nördlichen Sporaden beobachtet werden, ohne daß empfindliche ökologische Strukturen zerstört werden. So empfiehlt sich für die Besucher zunächst eine ausgiebige Erkundung der Insel Alonnisos und danach ein Tagesausflug mit einem Ausflugsboot in den Meeresnationalpark, zum Kloster auf der Insel Kyra Panagia oder zur Insel Psathoura. Mit etwas Glück können auf solchen Fahrten auch Delphine beobachtet werden.

Doch kommen wir zurück zu Alonnisos. Die Insel ist 64 Quadratkilometer groß, etwa 20 Kilometer lang und zwischen 2,5 und 4,5 Kilometer breit. Die höchsten Erhebungen der Insel sind mit 476 m der Berg Kouvouli und mit 456 m der Berg Geladia. Der Nordwesten wird von einer unzugänglichen Steilküste beherrscht, wohingegen der südöstliche Teil gegenüber der Insel Peristera flacher von den Bergen in den dort besonders faszinierenden Meeresbereich abfällt. Die Insel ist hauptsächlich bedeckt von Macchie, Phrygana, Aleppokiefernwäldern, Olivenhainen und unterschiedlich genutztem Kulturland.

Alonnisos hat rund 1600 Einwohner, die sich fast alle auf die heute beinahe zusammengewachsenen Orte Patitiri und Votsi konzentrieren.

Vor der Siedlung Alt-Alonnisos steht der Turm einer einstigen Windmühle. Was das alte Gebäude wohl schon alles erlebt hat?

Patitiri ist gleichzeitig der Haupthafen von Alonnisos, wo die Fähren und Tragflügelboote anlegen und sich die meisten Läden und öffentlichen Einrichtungen, wie die Post, die Krankenstation und auch das Naturschutzinformationszentrum der Stiftung Europäisches Naturerbe (EURONATUR), befinden. Nur wenige Familien leben in den Fischerdörfern Steni Vala und Kalamakia im Osten der Insel. Einst waren diese wohl Piratennester.

Schon im Neolithikum besiedelt

Alonnisos ist einer der ältesten besiedelten Plätze in der Ägäis, und so konnten am Kap Kokkinokastro und auf der vorgelagerten Insel Vrachos Reste menschlicher Besiedlung aus dem Neolithikum, der Jungsteinzeit, gefunden werden. Außerdem entdeckte man bei Kokkinokastro Skelette von auf dem Festland lebenden Tieren wie Nashörnern, Zwergpferden und Hirschen, was beweist, daß der Wasserspiegel des Mittelmeeres in der mittleren Altsteinzeit (100.000 bis 30.000 v. Chr.) rund 90 Meter tiefer als heute lag und die Tiere ohne Probleme vom Festland aus in das Gebiet der heutigen „Insel“ gelangen konnten. Eine versunkene Unterwasserstadt bei der Insel Vrachos vor Kokkinokastro könnte weiteren Aufschluß über die frühe Besiedlung von Alonnisos geben, und es wird vermutet, daß es sich bei der Stadt um das antike Ikos handelt, das wohl erst in historischer Zeit im Wasser versank und früher mit dem heutigen Inselchen Vrachos und dem Strand von Kokkinokastro verbunden war.

Geologische Hebungs- und Senkungsprozesse und ein Anstieg des Meeresspiegels haben dann wohl zu einem Absinken der Stadt geführt. Zusätzliche archäologische Forschungen sind notwendig, um mehr Klarheit über die Bedeutung dieser historischen Funde zu bekommen.

Genauerer Untersuchungen bedürfen auch noch mykenische Gräber, die auf der Insel gefunden wurden. Verwirrung gibt es hinsichtlich des historischen Namens von Alonnisos, das in der Antike Ikos hieß, in byzantinischer Zeit dann Cheliodròmia oder Liadròmia und erst mit Gründung des griechischen Nationalstaates den Namen Alonnisos erhielt. Der Name Ikos beruht übrigens auf dem Fund zahlreicher Tonscherben aus antiker Zeit, auf denen der Name „IKION“ eingraviert ist. Die Tonscherben stammen von Amphoren, in denen in der Antike der berühmte Wein der Insel exportiert wurde.

Die Gäßchen in Alt-Alonnisos sind so schmal, daß Getränke oder andere Waren mit Pferd, Esel oder Maultier zu den kleinen Steinhäusern gebracht werden.

Das antike Halonessos dürfte vermutlich die heute Kyra Panagia genannte Insel nordöstlich von Alonnisos gewesen sein. Doch die Tiefen der Geschichte sind nun einmal nur teilweise ergründbar, und so kann dies niemand genau sagen.

Wie ein Adlernest über der Ägäis: Alt-Alonnisos

Das frühere Inselhauptstädchen, das ebenfalls den Namen Alonnisos trägt, wird heute nicht mehr von Einheimischen bewohnt. 1965 wurde der Ort durch ein schweres Erdbeben zerstört. Notunterkünfte wurden zuerst am Hafen von Patitiri gebaut, nach und nach siedelte sich dann das ganze Dorf in Patitiri und Votsi an. Patitiri ist übrigens eine Bezeichnung für das Treten von Trauben in Zubern, was auf den Haupterwerbszweig der Insel bis in die fünfziger Jahre des 20. Jahrhunderts, den Weinbau, hindeutet. Die nicht gerade landschaftstypische Betonskelettarchitektur und die chaotische Struktur von Patitiri zeugen heute noch von dem schnellen Aufbau des neuen Dorfes nach dem Erdbeben.

Berichten Einheimischer zufolge gab es durchaus auch Bewohner von Alt-Alonnisos, die in dem Ort weiterhin leben und die zerstörten Häuser wieder aufbauen wollten. Die damalige griechische Militärjunta machte diesen Menschen jedoch das Leben schwer. Nach dem Bau der neuen Schule in Patitiri gab es in Alt-Alonnisos keine Infrastruktur mehr, die ein einigermaßen funktionierendes Dorfleben hätte gewährleisten können, und die letzten Einwohner zogen weg.

Alt-Alonnisos wurde somit für lange Zeit eine Geisterstadt. Die erneute Belebung setzte Mitte der siebziger Jahre ein, als sich mit den Anfängen des Tourismus

Wer den alten Eselspfad von Patitiri nach Alt-Alonnisos hinauf geht, kommt auch an diesen runden Steinsetzungen vorbei. Es ist ein alter Dreschplatz, an einer besonders windigen Stelle angelegt, so daß auf geschickte Weise die Spreu vom Weizen getrennt werden konnte.

auf Alonnisos Ausländer für die verlassenen Häuser zu interessieren begannen.

Nord- und Mitteleuropäer kauften schließlich die Ruinen für wenige tausend Mark und begannen mit dem Renovieren. Es kam zu einem regelrechten Boom und zur Wiederauferstehung von Alt-Alonnisos. Wer heute noch eines der verbliebenen Häuser kaufen möchte, muß schon einige zehntausend Mark hinblättern. Im Sommer ist Alt-Alonnisos mit seinem malerischen Gassenlabyrinth von seinen neuen „Einwohnern“ bevölkert. Im Winter wird es wieder zur Geisterstadt.

Beeindruckend ist vor allem die Lage von Alt-Alonnisos, das wie ein Adlerhorst hoch über der Ägäis schwebt. Von hier hat man traumhafte Ausblicke auf die Insel Euböa oder bei sehr klarer Sicht

Natur und Kultur geben sich im Bereich der Nördlichen Sporaden vielfach die Hand: Wendige Eleonorenfalken ziehen vor den steil aufragenden Felsen im Park ihre Kreise.

bis zum heiligen Berg Athos. Betrachtet man den Ort von der Westseite, sind noch deutlich die Überreste einer byzantinischen und von den Venezianern erneuerten Festungsmauer zu erkennen, die früher das Dorf vor den Angriffen der Piraten schützen sollte.

Mit seiner exponierten Lage war Alt-Alonnisos jedoch ohnehin bestens vor Eindringlingen geschützt. Lohnenswert ist es übrigens, nicht den Bus von Patitiri aus zu benutzen, um Alt-Alonnisos zu besuchen, sondern zu Fuß dem alten Maultierpfad von Patitiri zur ehemaligen Hauptstadt zu folgen, der durch vielgestaltiges Kulturland und Brachflächen führt.

Im Frühling ist der Eindruck von der in voller Blüte stehenden typischen Mittelmeervegetation überwältigend. Beim schweißtreibenden Aufstieg auf dem früher einzigen Verbindungsweg vom Hafen hinauf zum alten Alonnisos sehen wir, daß nach der zeitweiligen Aufgabe der alten – ehemals mit Weinreben bestandenen – Terrassen jetzt wieder Flächen bewirtschaftet werden. Überwiegend werden jedoch nicht Reben, sondern Oliven und Gemüse angebaut. Zusammen mit brachgefallenen Bereichen, uralten Naturstein-Trockenmauern und wegbegleitendem wildem Böschungsgestrüpp erfährt damit eine alte Anbaukultur ihre Wiederbelebung.

Ein weiteres lohnendes Ausflugsziel auf Alonnisos ist die Kapelle Agia Anargiri, die in einem Kiefernwald versteckt an der nördlichen Steilküste von Alonnisos liegt. Von der Kapelle hat man grandiose Ausblicke auf diese Küste.

Lohnenswert ist ein Besuch der Biologischen Station in der Bucht von Gerakas. Um die Station zu erreichen, muß die ganze Insel durchquert werden, und man bekommt so einen schönen Gesamtüberblick von Alonnisos. Die Station selbst jedoch ist eine völlige Fehlinvestition und Beispiel für eine größenwahnsinnige EU-Naturschutzpolitik, die an den Interessen der lokalen Bevölkerung, aber auch der Natur, vorbeigeht.

Im Fischerdorf Steni Vala liegt das Rescue-Center zur Rettung kranker und verwaister Robben, das von einer griechischen Naturschutzorganisation betrieben wird. Drei junge Mönchsrobben konnten hier im Laufe der Jahre schon erfolgreich aufgezogen werden. Die letzten zwei Mönchsrobben, denen hier zu helfen versucht wurde, sind jedoch leider verendet. Rescue-Center für Mönchsrobben sind zwar notwendig, sie können jedoch nur als ein zusätzliches Mittel zum wirksamen Management von marinen Schutzgebieten angesehen werden.

An der Straße von Steni Vala zum Dorf Kalamakia gibt es am Strand von Agios Dimitrios ein kleines Küstenfeuchtgebiet. Selbst solche kleinen Feuchtgebiete haben ihre Bedeutung als „Trittsteine" im Verlauf der internationalen Vogelzuglinien und müssen erhalten und geschützt werden. Leider wurden auf vielen griechischen Inseln diese Feuchtgebiete, weil sie lokal als nutzlos eingestuft werden, schon zerstört. Auf der Insel Skiathos, aber auch auf der Insel Zakynthos im Ionischen Meer wurden wertvolle Feuchtgebiete durch den Bau der Flughäfen vernichtet.

Die wirtschaftlichen Standbeine von Alonnisos sind heute die Landwirtschaft, die Fischerei und vor allem der Tourismus. Wie überall in Europa verliert auch hier die Haupterwerbs-Landwirtschaft immer mehr an Bedeutung. Immerhin war sie die wichtigste Einkommensquelle der Inselbewohner. Bis in die sechziger Jahre war Alonnisos eine Weinbau-Insel. Durch den aus Amerika eingeschleppten „Phylloxera"-Schädling, ein Insekt, wurde innerhalb kürzester Zeit der Weinbau zerstört, und die Inselökonomie stand vor dem Kollaps.

In dieser Zeit wanderten viele Bewohner nach Amerika aus oder begannen mit dem Fischfang. Der Fischfang hat in Alonnisos also keine lange Tradition, obwohl die Gewässer rings um die Insel mit zu den fischreichsten der Ägäis gehören. In früheren Zeiten war das Fischen durch die häufigen Piratenüberfälle lebensgefährlich. Heute leben etwa 85 Familien vom Fischfang, und die Fischereikooperative, die ihren Fang selbst vermarktet, hat Vorbildcharakter für die Fischer ganz Griechenlands.

Naturnaher Tourismus als Chance

Der Tourismus auf Alonnisos ist noch relativ jung und hauptsächlich auf die Hauptsaison von Juli bis August beschränkt. EURONATUR will nun in Zusammenarbeit mit der Hotelvereinigung und der lokalen Naturschutzorganisation der Insel *(Ecological and Cultural Movement of Alonnisos ECMA)* im Meeresnationalpark einen naturverträglichen Tourismus entwickeln, der sich vor allem auf die Vorsaison im Frühjahr und Herbst konzentrieren soll.

Zum Glück sind die steileren Bereiche von Alonnisos nicht erschließbar, so daß sich dort ein wilder Hangwald erhalten konnte.

Skopelos – Die Waldinsel

Lage: 41 Seemeilen Entfernung von Euböa, 60 Seemeilen von Agios Konstantinos, 60 Seemeilen von Volos entfernt, zwischen Alonnisos und Skiathos

Größe: 96 Quadratkilometer

Küstenlänge: 67 Kilometer

Größte Ansiedlungen: Skopelos (Chòra) und Glossa

Einwohner: rund 6500

Höchste Erhebung: Gipfel Delphi mit 662 m über dem Meeresspiegel

Historische Bezeichnung: im Altertum Pepárethos

Ist der Aufstieg durch die engen Gassen des kleinen Städtchens am Berghang auch noch so steil: malerische Ecken mit weiß getünchten, einfachen und doch würdevollen Häusern, geschmückt mit bunt angemalten Türen und Holzläden, locken uns immer weiter den Hang hinauf. Auch wenn die Luft in der Sommerhitze fast steht, weht sozusagen „ein Hauch von Geschichte“ durch die schmalen Sträßchen und entlang der Pfade, als wir das Viertel des Kàstro erreichen. Denn hier haben sich Reste

Der malerische Hafenbereich von Skopelos.

eines venezianischen Kastells aus dem 13. Jahrhundert erhalten. Anhalten, Rast machen, innehalten, die Augen schließen und im Geiste die Geschichte an sich vorüberziehen lassen. Wie mögen wohl die Edelleute der Venezianer mit ihren Pferden und Eseln hier heraufgekommen sein? Beladen mit Gebrauchs- und Konsumgütern und Gegenständen, welche in jener Zeit für erstrebenswert oder überlebensnotwendig gehalten wurden.

Vielleicht hatten sich hierher zeitweise auch Piraten zurückgezogen. Oder weiter im Zeitsprung zurück. Denn das Kastell wurde einst auf den Ruinen einer antiken Akropolis erbaut. Was mag sich hier alles im Laufe der Geschichte ereignet haben? Wenn die Steine der alten Mauern und Häuser nur erzählen könnten!

Wer ein bißchen Phantasie mit- und entsprechende Ruhe und Zeit aufbringt, kann auf Skopelos ein kleines Stück Geschichte „einatmen". Nicht große Weltgeschichte, sondern ein heute noch lebendiges, zeitentrücktes Geschehen, das sich – abgesehen vom betriebsamen Hafen und den oft herdenhaft anrückenden Touristenschwärmen – in vielen Gassen des Ortes und erst recht im Bereich der Wälder und der vielfach strukturierten Ackerterrassen und Olivenhaine der Insel bis heute bewahrt hat. Allerdings: Sehen, Fühlen, Erleben sind nicht im schnellen Konsumrausch, sondern nur mit Zeit und Einfühlungsvermögen möglich. Sonst gehen die Besucher von der Insel, ohne ihren besonderen Charme erfaßt zu haben.

Enge Gassen und stattliche Wälder

Skopelos ist zu 80 Prozent mit Wald bedeckt. Mit 96 Quadratkilometern ist Skopelos die größte Insel der Nördlichen Sporaden, wenn man einmal von der südlich „ausgescherten" Insel Skyros absieht. Der Norden und Osten der Insel ist von unzugänglichen, steil abfallenden Küstenbereichen beherrscht. Die Süd- und Westküste fällt vom Gebirge aus flacher ab. An der Südküste finden sich deshalb auch die wichtigsten Strände und kleinere Ansiedlungen. Die höchsten Erhebungen der Insel sind im Westen der Berg Delphi mit 662 m und im Süden der Berg Palouki mit einer Höhe von 566 m. Zwischen den Berg- und Hügelketten des Westens und dem Palouki liegt das fruchtbare Tal von Staphylos, das sich nach Norden hin zur Inselhauptstadt Skopelos öffnet.

Die Häuser des Inselhauptstädtchens Skopelos ziehen sich einem Amphitheater gleich den Hang hinauf. Das Meer und die Bucht bilden für dieses „Theater“ eine beeindruckende Kulisse. Enge Gassen schlängeln sich durch die Altstadt, die ihre ursprüngliche Architektur noch weitgehend erhalten konnte.

Malerisch wirkt der Ort mit seinen bemalten Türen und Fenstern und kleinen Gärten, welche die Hauseingänge ebenso bunt schmücken wie die Blumenkaskaden so manche Hauswand. Mehr als hundert Kirchen, Kapellen und Klöster gibt es in diesem kleinen Ort, und beim Umherschweifen in dem Gassenlabyrinth wird man immer wieder auf sie stoßen. Auf der Insel soll es insgesamt sogar 360 Kirchen, Klöster und Kapellen geben, und das bei einer Einwohnerzahl von nur etwa 6500 Menschen. Die Altstadt von Skopelos ist seit einigen Jahren denkmalgeschützt und zum nationalen Bestandteil des Kulturgutes von Griechenland erklärt worden. Es darf hier zum Glück nicht mehr einfach gebaut und modernisiert werden wie in den übrigen Teilen des Landes, die durch die ungebremste Bauwut zunehmend ihren Reiz und ihre kulturelle Identität verlieren.

Wenn auch am Rande der Altstadt immer mal wieder die eine oder andere Bausünde früherer Jahre ins Auge sticht, besteht also die Hoffnung, daß dieses Insel-Hauptstädtchen in Zukunft doch seinen Charme bewahren wird. Schwer soll es gewesen sein, die Einwohner für den Denkmalschutz zu gewinnen, wie ein engagierter Skopelote berichtet, aber nachdem erst einmal alle begriffen hätten, daß gerade die unzerstörte Altstadt das Kapital eines gehobenen und florierenden Tourismus ist, konnte sich der Denkmalschutz-Gedanke schließlich durchsetzen. Gerade hier kann der naturnahe Tourismus viel zur Bewahrung des Kultur- und Naturerbes beitragen.

Reisende sollten, wo immer es sich anbietet, den Einwohnern (auch in anderen Regionen) deutlich machen, daß sie gerade wegen der bewahrten Ursprünglichkeit hierher kommen. Oft, ob wir es wahrhaben wollen oder nicht, werden ja eigene Schätze nur dann erkannt, wenn sich auch andere dafür interessieren.

Solche kalendertauglichen Motive finden sich auf Skopelos und den umgebenen Inseln fast überall.

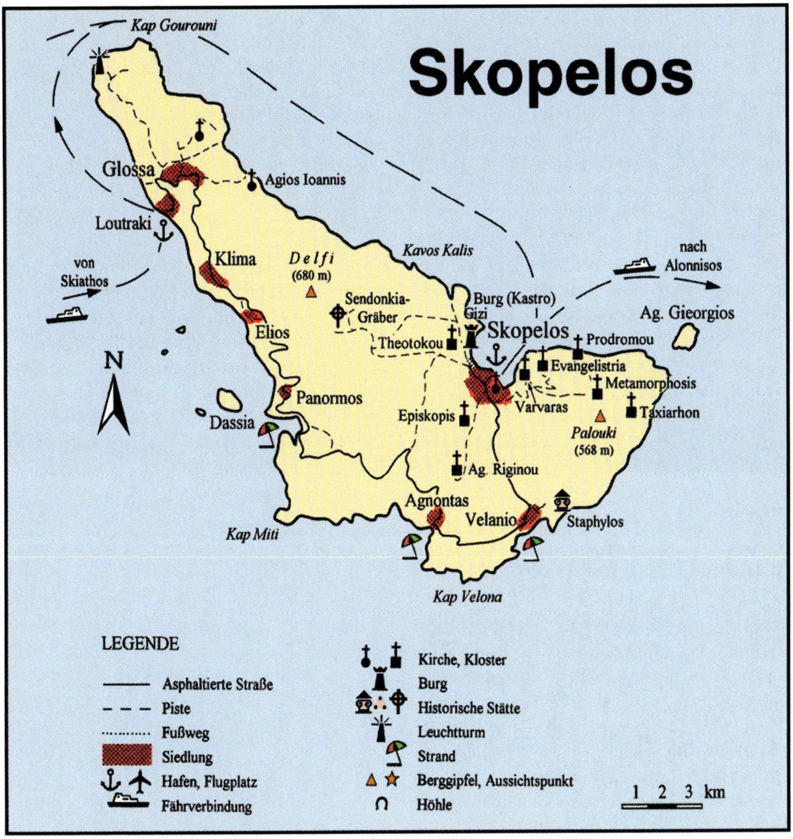

Wo früher Piraten anlandeten

Der Hafen der Stadt liegt relativ ungünstig und ist nicht gegen den sommerlichen Meltemi-Wind geschützt. Oftmals können Schiffe bei schlechtem Wetter nicht anlanden und müssen dann auf die Bucht von Agnontas im Süden der Insel ausweichen. Doch die vermeintlich ungünstige Lage des Hafens im Norden der Insel wurde wohl vor langer Zeit absichtlich gewählt, um besser vor Piratenüberfällen geschützt zu sein. Skopelos-Stadt wird deshalb auch von einer venezianischen Festung überragt, dem Kàstro, die helfen sollte, die Einwohner vor den ungebetenen Gästen zu schützen. Zwar war Skopelos-Stadt schon in der Antike besiedelt, sie hieß Perparethos, wie auch die Insel zu jener Zeit. Die eigentliche Inselhauptstadt befand sich jedoch in der geschützten Panormos-Bucht im Südwesten.

Außer ein paar wenigen Mauerresten ist von der früheren Stadt kaum mehr etwas zu sehen. Archäologische Funde gibt es auf der Insel ohnehin kaum. Eine

Das Mönchskloster Metamorphosis auf Skopelos ist wie eine Festung gesichert. Früher trieben Piraten auf den Sporaden ihr Unwesen und raubten die Klöster aus.

der wenigen sichtbaren archäologischen Fundstätten auf Skopelos sind Gräber aus der Römerzeit, die Sendoukia-Gräber genannt werden. Die leeren Steingräber liegen in den Bergen von Skopelos und wurden wohl in historischer Zeit geplündert. Über den Inhalt der Gräber ist somit nichts bekannt. Der bekannteste archäologische Fund wurde 1936 mit der Entdeckung des Grabes des Königs Staphylos in der gleichnamigen Bucht gemacht. Es stammt aus mykenischer Zeit. Das Grab war mit reichen Beigaben wie Waffen und Schmuck ausgestattet, so daß es sich bei dem Toten sicherlich nicht nur der Bezeichnung nach um einen König gehandelt hat.

Die Staphylos-Bucht ist die erste Bucht, nachdem man das fruchtbare Tal, das den gleichen Namen trägt, von der Inselhauptstadt kommend durchquert hat. Von dort führt die (zum Glück für die Natur) einzige Asphaltstraße der Insel durch Aleppokiefernwälder entlang der Südwestküste zu den Dörfern Klima und Glòssa. Das alte Dorf Klima wurde bei einem Erdbeben stark zerstört und ist heute beinahe verlassen. Nach und nach wird es von Ausländern, die dort Häuser gekauft haben, wiederbesiedelt. Das „neue" Klima unterhalb des alten Ortes macht seinem Namen alle Ehre und wurde im üblichen Architekturstil schnell hochgezogen. Bei dieser erdbebensicheren Bauweise wird ein eisenarmiertes Betonskelett errichtet, das dann meist mit Ziegelsteinen ausgemauert wird.

Entlang der Küstenstraße gibt es zahlreiche schöne Strände, die zum Baden einladen. Von hier aus kann man aber auch auf Forstwegen immer wieder Spaziergänge in die Aleppokiefernwälder unternehmen oder sogar eine Tour auf den Berg Delphi starten.

Die Küstenstraße endet dann nach Glòssa im Hafen von Glòssa, der Loutraki heißt und regelmäßig, wie Skopelos-Stadt, von den Tragflügelbooten und Fährschiffen angefahren wird. Die frühere Hafensiedlung Loutràki hat sich zu einem Dorf entwickelt, seit ein schweres

Erdbeben im Jahre 1935 den alten Ort östlich von Glòssa zerstörte. Vom Bergnest Glòssa aus bietet sich bei klarem Wetter eine phantastische Sicht auf Skiathos und die Pilionhalbinsel. Vor allem bei Sonnenuntergang hat man von hier unvergeßliche Ausblicke. Glòssa eignet sich auch als Ausgangspunkt für Wanderungen zur wild zerklüfteten Nordostküste mit der Kapelle Agios Jannis. Von dort geht der Blick hinüber zur Insel Alonnisos. Außerdem kann man von dort das Waldkloster Taxiarchis erreichen. Das Kirchlein stammt aus byzantinischer Zeit.

Zu längeren oder kürzeren Wanderungen bieten sich von Skopelos-Stadt aus die verschiedenen Klöster auf dem Berg Palouki an. Besonders sehenswert ist etwa das Festungskloster der heiligen Barbara, das hoch über der Ägäis thront, oder aber das Evangelismou-Kloster, von dem aus eine schöne Aussicht auf Skopelos und seinen Hafen lockt. Es liegt nordöstlich des Hafens etwa vier Kilometer entfernt und geht auf den Anfang des 18. Jahrhunderts zurück.

Die Insel Skopelos ist sehr fruchtbar und besitzt viele Quellen. Bedeckt wird die Insel hauptsächlich von Aleppokiefernwäldern, dichter Macchie oder Kulturland. Das Kulturland wird zwar von Olivenbäumen dominiert, Pflaumen-, Kastanien-, Feigen-, Birn-, Kirsch-, Zitronen-, Orangen- und Mandelbäume und der Weinbau spielen jedoch trotzdem immer noch eine wichtige Rolle in der örtlichen Landwirtschaft. Wie auch auf den anderen Inseln ist heute allerdings der Tourismus die wichtigste Erwerbsquelle der Inselbewohner.

Bisher hat der Tourismus von der Insel noch nicht so stark Besitz ergriffen wie etwa von Skiathos, und es bleibt zu hoffen, daß nicht große touristische Entwicklungsprojekte den Inselcharakter zerstören werden. Noch ist trotz der Urlauber und der Tagestouristen der ursprüngliche Gleichklang von Natur und Kultur erhalten geblieben.

Damit dies so bleibt, ist es ebenso wie auf den anderen Sporadeninseln dringend erforderlich, endlich Konzepte zur Müllvermeidung und zu umweltschonender Abfallentsorgung zu entwickeln und wirkungsvolle Klärsysteme einzurichten. Vor kurzem führten noch Abwasserrohre in das Hafenbecken von Skopelos-Stadt, in dessen Bereich es je nach Witterung unangenehm stank. Da dies für den Tourismus unerträglich war, wird heute das Abwasser mit einem langen Rohr ins offene Meer abgelassen. Dies ist ebenfalls keine umweltverträgliche Lösung, und so kann jeder Reisende zu einem Bewußtseinswandel beitragen, indem er – ohne als „Öko-Imperialist" aufzutreten – auf ökologische Erfordernisse hinweist. In diesem Fall muß eine wirksamere Abwasserreinigung angemahnt werden.

Wenige sichtbare archäologische Spuren sind auf Skopelos zu finden. Die Sendoukia-Gräber stammen aus römischer Zeit.

Skiathos – Vom Tourismus erobert

Lage: nördlich von Euböa. 43 Seemeilen von Vòlos, 44 Seemeilen von Agios Konstantinos und 57 Seemeilen von Kimi/Euböa entfernt

Größe: 48 Quadratkilometer

Küstenlänge: 44 Kilometer

Größte Ansiedlung: Skiathos

Einwohner: rund 4000

Höchste Erhebung: Karafilzanaka, 436 m

Beim Gang entlang der Restaurantmeile unweit des Hafens schallen uns die vielsprachigen Rufe der emsigen Kellner entgegen. Geschäftig wollen sie ihre akkurat aufgestellten Tische mit möglichst vielen zahlungskräftigen Touristen füllen. Das wäre auch etwas für uns, denken wir. Andererseits: warum sollen wir den teils sonnengerösteten, teils noch bleichen Standardurlaubern den Platz wegnehmen?

So nehmen wir den Weg lieber in eine der beschaulicheren Seitengassen. Nur wenige Meter von den Touristenschleusen entfernt finden wir den ursprünglichen Teil von Skiathos.

Wurde die Insel Skiathos im Mittelalter und in der Neuzeit immer wieder von

Piraten überfallen, so hat heute längst der Tourismus als moderne Form der Piraterie von der Sporaden-Insel Besitz ergriffen. In den Sommermonaten ist Skiathos fest in der Hand des Pauschaltourismus, und täglich landen Charterflugzeuge aus allen Teilen Europas auf dem Insel-Flugplatz, um vor allem zahllose Mittel- und Nordeuropäer und stets sonnenhungrige Engländer an den ihnen verheißenen Platz an der Sonne zu bringen.

Skiathos wurde 1964 von der staatlichen griechischen Fremdenverkehrsorganisation (EOT) zur touristischen Entwicklungszone erklärt, und seitdem ist eine rasante Entwicklung vonstatten gegangen. Zur touristischen Entwicklungsförderung wurde zunächst von der Inselhauptstadt Skiathos, dem einzigen Ort der Insel, eine Straße entlang der Südküste zum berühmten Sandstrand von Koukounaries gebaut. Entlang dieser Straße wurden dann nach und nach touristische Unterkünfte errichtet. Hier finden sich Luxushotels ebenso wie billigere Pauschal-Massenunterkünfte. Ein klassisches Beispiel der Zersiedelung und Erschließung mediterraner Küstengebiete kann hier besichtigt werden. Das erste größere Hotel wurde übrigens oberhalb des mit Pinien *(Pinus pinus)* bewachsenen Koukounaries-Strandes errichtet. Mit der Vollendung des Flugplatzes für Chartermaschinen in der Nähe des Hauptorts im Jahr 1984 wurde die Insel dann endgültig vom Massentourismus erobert. Heute haben die Hotels, Pensionen und Privatzimmer auf Skiathos eine Kapazität von 16.000 Betten, um dem Ansturm der Touristenmassen wenigstens einigermaßen gewachsen zu sein. Bei einer Inselbevölkerung von nur etwa 4000 Einwohnern ist diese Anzahl schon einigermaßen überzogen.

Nicht nur Platz für Pauschaltouristen

Skiathos ist also eine typische Ferieninsel, und wer Vergnügen, Unterhaltung und umtriebiges Strandleben sucht, ist hier gut aufgehoben. In der Stadt gibt es zahlreiche Discos, Bars und Tavernen, die für ein lautes Nachtleben sorgen. Rund um die Insel laden über 60 Strände, meist schöne Sandstrände oder der berühmte Kiesstrand Lalaria, zum Baden ein.

Doch trotz des Massentourismus hat sich der Hauptort Skiathos sein architek-

Auch wenn Skiathos schon vom Massentourismus erobert wurde, präsentiert sich das Inselhauptstädtchen noch ganz malerisch. (Bild gegenüberliegende Seite). Romantische Nischen sind allenthalben noch zu entdecken, so etwa der alte, jetzt zu einem Restaurant umgebaute Mühlenturm im oberen Teil des Inselhauptstädtchens (Bild rechts).

tonisches Erbe bewahrt, wenn auch rings um den Ort weniger schöne Bauten in der für Griechenland typischen modernen Architektur errichtet wurden. Trotz dieser Bebauung ist Skiathos bislang von brutalen Beton-Hoteltürmen, wie man sie von Mallorca oder von der spanischen Westküste her kennt, verschont geblieben.

Die Insel Skiathos ist nur vier Kilometer von der Pilion-Halbinsel des Festlandes und sechs Kilometer von der Insel Skopelos entfernt. In den Gewässern rund um Skiathos gibt es zahlreiche Klippen und Untiefen, und nicht ohne Grund wurde die Flotte des Perserkönigs Xerxes hier bei einem Sturm schwer beschädigt, bevor sie von der griechischen Flotte am Kap Artemision bei Euböa (480 v. Chr.) empfindlich geschwächt und schließlich bei Salamis geschlagen wurde.

Was das Seemännische betrifft, waren die Einwohner von Skiathos übrigens vorzügliche Seefahrer und Schiffbauer. Der Schiffbau florierte besonders im 19. Jahrhundert. Die Schiffe wurden aus dem Holz der Aleppokiefer gebaut, was

den Wäldern der Insel ziemlich zusetzte. Durch das Aufkommen der Dampfschiffahrt ging der Schiffbau auf Skiathos jedoch seinem Ende entgegen. Trotzdem gibt es heute noch eine kleine Werft, welche die für Griechenland typischen Kaiki baut.

Skiathos hat eine Größe von 48 Quadratkilometern und ist 12 Kilometer lang und ungefähr 9 Kilometer breit. Die Insel ist gebirgig und von Kiefernwäldern (hauptsächlich Aleppokiefern), Macchie und mediterranem Kulturland bedeckt. Die höchste Erhebung auf der Insel ist mit 436 m der Karafilzanaka-Hügel, ein weißer Kalkfels. Die Insel Skiathos kann eingeteilt werden in einen touristisch entwickelten Süden und einen relativ unerschlossenen Norden. Hier sind abseits von dem Rummel des Hauptorts sogar noch Ruhe und Stille zu finden.

Auf Wanderungen kann man die landschaftliche Schönheit der Insel erkunden und verschiedene Sehenswürdig-

Oben: Prächtig dekoriert ist der Innenraum der Kirche des Klosters Evangelistras auf Skiathos.
Unten: Bunte Frühlings-Farbtupfer bringt die Graubehaarte Zistrose.

Hinauf zur alten Windmühle

Oberhalb des Yachthafens von Skiathos befindet sich der alte Mühlenturm. Über 150 Jahre ist er alt. 1993 wurde er von engagierten Engländern liebevoll restauriert. Im Bereich des schmalen Außenplatzes findet sich ein Windmühlen-Restaurant. Der Turm wurde – allerdings nur zu Dekorationszwecken – wieder mit einem Windrad versehen, das einen Eindruck von der früheren Nutzung vermittelt. Während es heute elektrisch betrieben wird, wurden früher bei Windstille Esel eingesetzt, um das Mahlwerk in Gang zu halten.

Im oberen Stock der Mühle sind noch heute die alten Geräte und Gegenstände aus dieser Zeit zu sehen. Wer von der Windmühle auf den Hafen von Skiathos und die gegenüberliegende Landzunge blickt, bekommt einen Eindruck vom Spannungsfeld, in dem sich die Inselwelt der Ägäis heute befindet. Auf der einen Seite sieht man gegenüber noch alte Olivenhaine und intakte Waldstücke, und auf der anderen Seite sind links vom Yachthafen und im Vordergrund der Landebahn des Flughafens die Auswirkungen des auch in diesem Bereich des Mittelmeeres noch nicht zu Ende gegangenen Baubooms zu sehen. Zwar türmen sich hier keine Betonklötze in den Himmel – wie in Teilen Mallorcas –, doch frißt sich die Streusiedlung immer weiter vom Hafen weg in das Landesinnere hinein. Die griechische Gesetzgebung, die jedem das Bauen erlaubt, der mindestens vier Hektar Land hat (diese Grenze wird oft umgangen), bringt es mit sich, daß eine immer schlimmer werdende Landschaftszersplitterung erfolgt.

Von der hafenabgewandten Seite des Mühlenturms sieht man, wie durch eine verfehlte Forstpolitik in der Europäischen Union und ihren Mitgliedsländern schützenswerte Hangwaldbereiche zerschnitten werden. Quer durch den Berghang, an den sich der neue Teil der Siedlung Skiathos lehnt, wurde von der Forstbehörde ein Weg gelegt. Solche Wege kann man überall in Griechenland, Spanien, Portugal, Frankreich und Italien finden. Sie sind Zeichen für Übererschließung und eine falsch verstandene Waldbaupolitik.

keiten besuchen. Als Wanderziel bietet sich beispielsweise das Kloster Evangelistras an, das 1704 durch Mönche vom heiligen Berg Athos gegründet wurde. Das Kloster ist berühmt, da es während des Freiheitskrieges gegen die Türken Aufständischen als Unterschlupf diente.

Auf mittelalterlichen Spuren

Eine weitere Sehenswürdigkeit ist die mittelalterliche Inselhauptstadt Kàstro, die einst hoch über dem Meer im Norden der Insel erbaut wurde. Von dem Dorf Kàstro sind heute nur noch wenige Ruinen übrig geblieben, ein Besuch wegen der schönen Lage lohnt sich jedoch allemal. In der Mitte des 14. Jahrhunderts verließen die Einwohner von Skiathos auf Grund häufiger Piratenüberfälle ihren schon seit der Antike bestehenden Hauptort. Dort befindet sich nach dem Ende der Befreiungskriege seit 1830 auch wieder die heutige Inselhauptstadt.

Skiathos-Stadt ist die kleine Insel Bourtzi mit einer ehemaligen venezianischen Festung vorgelagert, die von den Brüdern Ghizi erbaut wurde, als sie 1207 Skiathos eroberten. Doch selbst diese Festung, von der heute nur noch wenige Reste erhalten sind, konnte die Bevölkerung vor Piraten nicht schützen und den Exodus nach Kàstro nicht verhindern.

Die Insel Bourtzi ist heute über eine Mole mit dem Land verbunden. An ihr kreuzt sich die südliche Hafenpromenade, wo die Fähren und Tragflügelboote anlegen, mit der westlichen, von wo die Ausflugsboote zu ihren Fahrten aufbrechen. Skiathos hat auch auf literarischem Gebiet Ruhm vorzuweisen, denn die Insel war die Heimat des griechischen Schriftstellers Alexandros Papadiamantis, der zu Beginn dieses Jahrhunderts lebte und durch seine Kurzgeschichten berühmt wurde. Seine Kurzgeschichte „*Die Wehklage der Robbe*" weist auf die Präsenz der Mönchsrobbe im griechischen Alltagsleben hin. Sein Geburtshaus in der Stadt ist heute ein Museum.

Rechts: Kapernstrauch
Unten: Nur noch wenige Ruinen, die fast nahtlos in die Felsen der Insel übergehen, sind vom ehemaligen Inselhauptort Kàstro übriggeblieben. Ein Besuch lohnt wegen der überaus reizvollen Lage allemal.

Voller Leben: Die Welt der Verlassenen Inseln

Plötzlich sind sie da: gleich acht Delphine begleiten unser Boot, mit dem wir eine Tagesexkursion zur Insel Kyra Panagia unternehmen. Die intelligenten Meeressäuger spielen regelrecht mit den Bugwellen, lassen sich abtreiben, um sogleich wieder zur Stelle zu sein. Immer wieder springen sie aus dem Wasser, als ob sie das Staunen und die Bewunderung, die sie bei uns auslösen, genießen würden. Doch die Vorstellung geht bald zu Ende, und so geheimnisvoll, wie die Delphine in Erscheinung traten, verschwinden sie wieder von einer Sekunde auf die andere irgendwo in den Tiefen der Gewässer zwischen den Inseln.

Die Verlassenen Inseln, im Griechischen auch „Erimonisia“, das heißt „einsame Inseln“, sind das eigentliche Zentrum des 23 000 Hektar großen Meeresnationalparks „Nördliche Sporaden“. Bis auf die unbewohnte Insel Peristera, die gegenüber Alonnisos liegt, und die Dio-Adelphi-Inseln („Zwei Brüder“) im Süden zwischen Skantzoura und Alonnisos, die mit Alonnisos in der B-Zone des Nationalparks liegen, gehören alle unbewohnten Inseln zur Zone A des Parks. Dieser Bereich umfaßt die großen

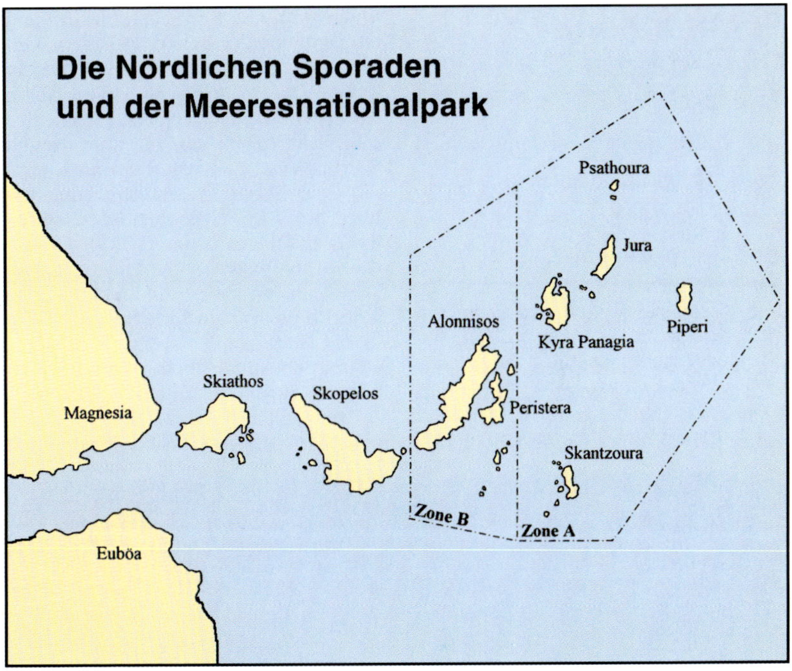

Inseln Kyra Panagia, Skantzoura, Jura, Piperi und Psathoura sowie kleinere Inseln, wie etwa Gramiza und Pappou zwischen Jura und Kyra Panagia.

Die Inseln dürfen bis auf das Kloster von Kyra Panagia, die Bucht von Planitis und Agios Petros bei Kyra Panagia und die Insel Psathoura nicht betreten werden. Die Insel Piperi ist Kernzone des Parks, und die Drei-Meilen-Zone um die Insel ist selbst für die örtlichen Fischer eine „verbotene" Zone. In diesem Bereich dürfen sich auch keine Boote aufhalten. Das unbefugte Betreten der Insel wird streng bestraft. Von allen anderen Inseln ist mit dem Boot ein Mindestabstand von 400 Metern einzuhalten, dies gilt auch für Kyra Panagia (mit Ausnahme der für Anlandungen erlaubten Buchten – siehe Reisehinweise).

Links: Blick von Alonnisos in den Meeresnationalpark mit den Verlassenen Inseln.

Nur durch solch konsequent geschützte Kernbereiche wird es möglich sein, das bedeutende Naturerbe im heutigen Meeresnationalpark zu bewahren. Deshalb sind auch das Harpunenfischen und das Tauchen mit Flaschen im Park strengstens verboten. Die Nationalpark-Verordnung wird von der Hafenpolizei von Alonnisos mit zwei Schnellbooten effektiv überwacht. Trotz dieser Verbote ist es jedoch möglich, auf legale Weise den Park bei Ausflugsfahrten kennenzulernen, wenn die erlaubten Anlegeplätze angesteuert werden. So kann man sich ohne Probleme ein Bild von der Schönheit des Parks verschaffen.

Peristera und Dio Adelphi

Lage: östlich gegenüber Alonnisos

Größe: 16 Quadratkilometer

Höchste Erhebung: 259 m

Synonyme von Peristera: Xeron, Evonymos

Wie eine kleine Schwester liegt das Eiland Peristera der Insel Alonnisos gegenüber. Zum Greifen nah, aber ohne Boot doch so fern. Peristera, die östliche Nachbarinsel von Alonnisos, ist unbewohnt. Die Insel ist hauptsächlich von Macchie und Phrygana bedeckt und wird teilweise noch von Ziegen beweidet. Die höchste Erhebung erreicht 259 m. Die Bucht von Vassilikos ist ein natürlicher Hafen, welcher der griechischen Kriegsmarine in Krisenzeiten aber auch zu Übungszwecken als Nothafen dient. Dies erklärt, warum dann und wann große Militärboote im Bereich des Parks zu sehen sind.

Dies hat auch seine guten Seiten. Denn aus diesem Grund konnte eine Aquakultur-Anlage für Fischzucht, die in der Bucht geplant war, glücklicherweise nicht verwirklicht werden. Aquakultur-Anlagen zur Intensiv-Zucht verschmutzen das Meer durch den Einsatz von Medikamenten und Fischfutter.

Eine solche künstliche Massen-Fischhaltung ist mit einer nachhaltigen, den natürlichen Verhältnissen angepaßten Küstennutzung nicht zu vereinbaren.

Im Zweiten Weltkrieg waren auf Peristera alliierte Soldaten vor den italienischen und deutschen Besatzern versteckt und dann mit Fischerbooten in die neutrale Türkei gebracht worden.

Auf Peristera gibt es Badestrände, die von Alonnisos aus mit Ausflugsbooten angefahren werden können.

Die Dio-Adelphi-Inseln, „Zwei Brüder" genannt, ragen im Süden von Alonnisos aus dem Meer. Ein Meereskanal trennt die beiden Brüder voneinander. Der „große Bruder" erreicht eine Höhe von 178 m und der „kleine Bruder" eine Höhe von 154 m. Die Felsen der Inseln sind bedeckt mit Phrygana und für Felsfluren typischen Pflanzenarten. Auf den Dio Adelphi gibt es eine größere Population der giftigen Sandotter, es ist also bei einem Besuch Vorsicht geboten.

Sowohl Peristera als auch die Dio-Adelphi-Inseln liegen in der Zone B des Nationalparks, wo noch keine besonderen Park-Bestimmungen gelten.

Links: Die reizvolle Bucht von Vassilikos ist ein großer natürlicher Hafen.
Oben: Die Dio-Adelphi-Inseln.
Rechts: Der Biß einer Muräne ist gefährlich. Beim Schnorcheln an der Felsenküste ist von dem Fisch ein respektvoller Abstand zu halten.

Kyra Panagia – Vielleicht bald wieder eine grüne Insel?

Lage: nordöstlich von Alonnisos

Größe: 25 Quadratkilometer

Höchste Erhebung: 299 m

Synonyme: Pelagos, Pelagonisi, Halonessos

Kyra Panagia ist mit 25 Quadratkilometern die größte der Verlassenen Inseln. Die Hügel der Insel erreichen Höhen zwischen 169 und 299 m. Die Insel gehört dem Kloster Megisti Lavra auf dem heiligen Berg Athos. Einst wurde sie von dem heiligen Athanasios 963 nach Christus als „Metochi" – so wurden die Klostergüter genannt, die den heiligen Berg Athos mit Nahrungsmitteln wie Fleisch, Honig, Olivenöl und Getreide versorgten – von den byzantinischen Herrschern in Konstantinopel gekauft. Auf dem heiligen Berg Athos war seit jeher der Aufenthalt für Frauen verboten, ein klösterliches Gesetz, das bis zum heutigen Tag seine Gültigkeit bewahrt hat.

Insbesondere die Versorgung des Klosters auf dem Athos mit Fleisch war für die Insel von besonderer Bedeutung, da auf dem Athos selbst bis in die heutige Zeit keine weiblichen Haustiere gehal-

ten werden. Aus diesem Grund war die Ziegenzucht auf Kyra Panagia schon immer von Bedeutung. In den vergangenen Jahren gab es viel zu große Ziegenbestände. Die Viehhaltung ist ja auch ziemlich einfach, wenn man bedenkt, daß die Tiere auf einer Insel nicht weglaufen können.

Links: Das alte Kloster auf Kyra Panagia zeigt, wie eng verzahnt Natur und Kultur im Bereich der nördlichen Ägäis sind.
Oben: Wer den steilen Pfad hinauf zum alten Kloster, mitten durch Zistrosen und andere mediterrane Pflanzen, überwunden hat, kann in der alten kleinen Klosteranlage noch eine historische Getreidemühle besichtigen.
Rechts: Der Dornige Acanthus (Acanthus spinosa) ist eine typische mediterrane Pflanzenart.

Faszinierende Welt von Meer und Inseln im Bereich der Agios-Petros-Bucht von Kyra Panagia. Hier zeigt sich der Meeresnationalpark mit von seiner schönsten Seite. Für Besucher bedeutet dies, Verantwortung gegenüber Natur, Landschaft und Umwelt zu zeigen, damit dieses einmalige Naturerbe erhalten bleibt.

Vom Athos aus wird die Insel immer wieder für einige Jahre verpachtet. Weil der griechische Staat und die Europäische Union noch immer die Ziegenhaltung in Griechenland subventionieren, lassen sich von Spekulanten ebenso wie von intensiv wirtschaftenden Herdenbesitzern ordentliche Zuschüsse kassieren. Und dies geht dann wie bislang auf Kyra Panagia meist zu Lasten der Natur. In vielen Bereichen wurde die Insel schlichtweg kahlgefressen, weil der Pächter überhöhte Tierbestände hielt.

Die Stiftung Europäisches Naturerbe setzt sich im gesamten Mittelmeerraum für eine landschaftsangepaßte Weidewirtschaft ein, die eine nachhaltige Nutzung der jeweiligen Regionen ermöglicht. Eine deutliche Reduzierung der Ziegenbestände auf der Insel könnte dem mediterranen Hartlaubwald wieder eine Chance geben, so daß Kyra Panagia wieder zur grünen Insel wird.

Im südöstlichen Teil von Kyra Panagia liegt das Kloster der Insel, das um 1100 n. Chr. erbaut wurde. Noch bis etwa 1984 wurde es von einem Mönch bewohnt. Das Kloster liegt hoch über dem Meer und verfügt über einen unsicheren Naturhafen, der nur bei gutem Wetter von Booten angesteuert werden kann. Diese Lage wurde einst absichtlich gewählt, um besser vor Piratenüberfällen geschützt zu sein. Das Kloster gleicht deshalb auch eher einer kleinen Festung.

1992 wurden die schlichten, aber sehr beeindruckenden Gebäude mit finanzieller Hilfe des griechischen Reeders Potamianos renoviert, und es sollen auch wieder Mönche das Kloster beziehen. Im Kloster kann man eine alte Ölpresse, eine Getreidemühle und die Wirtschaftsgebäude besichtigen. In der Mitte des rechteckigen Gebäudes steht die Kapelle. Vom Kloster aus hat man – klare Sicht vorausgesetzt – herrliche

Ausblicke auf die Insel Jura, die vorgelagerten Inseln Papou und Gramiza und die Insel Piperi. Bei gutem Wetter kann man auch das flache Psathoura aus dem Meer ragen sehen.

Kyra Panagia besitzt fruchtbare Täler, die früher landwirtschaftlich genutzt wurden. Zahlreiche Olivenbäume gibt es auf der Insel, die heute nur noch wenig gepflegt und nur teilweise abgeerntet werden. Die Insel verfügt über ausreichend Quellen, welche die Haltung von Haustieren ohne Probleme ermöglichen. Kyra Panagia ist hauptsächlich von Kermeseichen, Macchie und Phrygana bedeckt.

Alte Siedlungsspuren

Über zwei große natürliche Buchten verfügt Kyra Panagia: Agios Petros im Westen und Planitis im Osten der Insel. Der Bucht von Agios Petros ist die Insel Pellerisa vorgelagert. Agios Petros gilt als sicherer Nothafen bei starken Nordwinden. Der Hafen wurde auch von Seefahrern in byzantinischer Zeit angelaufen. Ein aus dieser Zeit stammendes Schiff liegt versunken in der Bucht und harrt einer archäologischen Untersuchung.

An Land konnten Siedlungsreste aus der Jungsteinzeit, dem Neolithikum (etwa 6000 v. Chr.), entdeckt werden, und so gehört Kyra Panagia zu einer der am frühesten besiedelten Inseln in der Ägäis überhaupt. Gegenüber dem kleinen Inselchen Melissa („Bienchen") in der Bucht von Agios Petros wurden antike Scherben entdeckt. Reste von Mauerwerk am Strand lassen auf eine antike Stadt schließen, weitere archäologische Forschungen sind notwendig, um mehr über diese ehemalige Stadt in Erfahrung zu bringen.

Im Süden der Bucht zieht sich das mit Olivenbäumen bestandene Tal von St. Petros den Berg hinauf. Reste eines alten Klosters liegen am Fuße des Tals.

Die Bucht von Planitis im Osten der Insel ist einer der größten natürlichen Häfen des Mittelmeeres. Die Bucht besitzt eine etwa 80 Meter breite Öffnung zum Meer und teilt sich dann in einen jeweils mehrere hundert Meter breiten südlichen und westlichen Teil. Wenn man Planitis mit dem Schiff erreicht, kann man kaum glauben, daß es hier keine Siedlung gibt, eignet sich die Bucht doch hervorragend als Hafen.

Die Besiedlung dieses Teils der Ägäis wurde letztlich wohl nur dadurch verhindert, daß die Insel im Besitz der Athos-Klöster ist. Ein Glück für die Natur und die heutigen Besucher, denen so – trotz der Überweidung – einer der wertvollsten Teile der ägäischen Inselwelt erhalten blieb.

Sowohl die Agios-Petros- als auch die Planitis-Bucht können von früheren Abenteuern erzählen, denn beide dienten in historischen Zeiten den Piraten als Ankerplatz und Unterschlupf.

In einem Reiseführer der siebziger Jahre konnte man noch lesen, daß die Insel endlich touristisch „in Wert gesetzt" werden müsse. Glücklicherweise kam es nie dazu, und der Nationalpark scheint ein Garant dafür zu sein, daß dies auch in Zukunft nicht der Fall sein wird. Anfang der neunziger Jahre wurde jedoch bekannt, daß sich ein großes internationales Reiseunternehmen für eine touristische Entwicklung der Insel interessiert. Da gegen ein solches Projekt heftiger Widerstand von Naturschutzorganisationen und der lokalen Bevölkerung zu erwarten gewesen wäre, scheinen diese Pläne sofort wieder aufgegeben worden zu sein. Weil durch Bauspekulation schon viele der schönsten Bereiche des Mittelmeeres zerstört wurden, müssen die Naturschützer hier weiterhin wachsam bleiben.

Jura – Felsklotz im türkisblauen Meer

Lage: nordöstlich von Kyra Panagia und nordwestlich von Piperi

Größe: 11 Quadratkilometer

Höchste Erhebung: 570 m

Synonyme: Giura, Joura, Youra, Jura, in der Antike Gerontia

Die Insel Jura ragt als Felsklotz aus dem türkisblauen Meer empor. Steil abfallende Küsten kennzeichnen das Eiland, das eine Höhe von 570 m erreicht und 11 Quadratkilometer groß ist. Die Insel ist hauptsächlich von Kermeseichen, Macchie und Phrygana bedeckt. Die Kermeseichen bildeten einstmals einen richtigen hochstämmigen Wald. In den Jahren 1900 bis 1945 wurden die meisten Bäume jedoch von Köhlern zu Holzkohle verarbeitet.

Auf der Insel lebt noch die angebliche Wildziegenart *Capra aegagrus f. hircus*. Dr. Thomas Schultze-Westrum konnte 1963 nachweisen, daß es sich bei der Jura-Ziege vermutlich nur um Abkömmlinge schon vor langer Zeit verwilderter Hausziegen handelt, deren Schutz sicherlich auch wünschenswert ist, deren Bestand jedoch auf einem vernünftigen Niveau gehalten werden muß,

um nicht die einmalige Vegetation der Insel weiterhin zu schädigen. Auf Jura gibt es viele endemische Pflanzenarten, wie beispielsweise die *Frittillaria sporadum*, eine Schachblume aus der Familie der Liliengewächse.

Bekannt ist Jura für seine Zyklopenhöhle, in der der von Odysseus geblendete sagenhafte Zyklop Polyphem gelebt haben soll. Die Tropfsteinhöhle ist nach dem Unfall eines Touristen seit mehreren Jahren für Besucher geschlossen. Die Höhle soll eventuell im Rahmen des Nationalparks für Besucher wiedergeöffnet werden, entschieden wurde dies jedoch noch nicht.

Die Insel ist heute Eigentum des griechischen Staates. Sie war früher ebenfalls von Mönchen der Athos-Klöster besiedelt. Historischen Berichten zufolge sollen die Mönche zu Beginn des 19. Jahrhunderts von Seeräubern erschlagen worden sein, die eine Zuflucht suchten. Nur ein Mönch soll den Angriff

Links: Als riesiger Felsklotz im türkisblauen Meer ragt die „verlassene“ Insel Jura empor.
Oben: Auf der Insel Jura gibt es Pflanzenarten, die nur hier vorkommen. Von karger Vegetation sind heute viele Gebiete von Jura bedeckt, obwohl die Insel einstmals wohl vollkommen bewaldet war.

überlebt und noch bis 1840 in den Höhlen der Insel gewohnt haben. In römischer Zeit diente Jura als Verbannungsort für unliebsame Personen.

Die Insel kann nur über eine kleine Bucht im Südwesten betreten werden. Von dort führt ein steiler Pfad zur Zyklopen-Höhle, zur Kirche Evangelistria und zu den Behausungen der Wildhüter empor. An der Westküste, die von einem kleinen Ankerplatz aus erreicht werden kann, wurden bei der von Platanen umstandenen Quelle Platania Reste eines Heiligtums entdeckt, das wahrscheinlich dem griechischen Gott Poseidon gewidmet war.

Psathoura – Scheibe im Wasser

Lage: nordöstlich von Jura – nördlichste Insel innerhalb des Meeresnationalparks Nördliche Sporaden

Größe: 1,6 Quadratkilometer

Höchste Erhebung: 17 m

Einer Scheibe auf dem Wasser gleicht das flache Psathoura, das über dem Meer eine Höhe von 12 bis 17 m erreicht. Die Insel ist nur etwa zwei Kilometer lang und 800 Meter breit.

Psathoura vorgelagert ist die kleine Insel Myia, die auch Psathouropula, das kleine Psathoura, genannt wird. Da die Inseln nicht ungefährlich für die Schiffahrt sind, befindet sich im nördlichen Teil ein Leuchtturm. Im Mittelmeerhandbuch des Amtes für Seeschiffahrt ist deshalb vermerkt: „*Strom setzt bei nördlichen Winden und Stillen stark auf die Psathoura-Inseln zu und ist schon oft die Ursache verhängnisvoller Strandungen gewesen.*“

Die Insel besteht – als einzige der Nördlichen Sporaden – aus vulkanischem Gestein. Psathoura ist wohl der Rest eines Vulkans, der durch Abrasion, das heißt mittels Abtragung durch die Meeresbrandung geköpft und dann wie-

der ein wenig über den Meeresspiegel gehoben wurde.

Die Insel ist mit Phrygana bedeckt. Im Süden befindet sich eine kleine Bucht mit einem Sandstrand, die von den Ausflugsbooten angefahren wird.

Psathoura vorgelagert liegt in drei bis zwanzig Metern Tiefe vermutlich eine Unterwasserstadt, die noch nicht endgültig erforscht ist. Im übrigen ist unter den Einheimischen heftig umstritten, ob die in der See befindlichen Trümmer tatsächlich von einer Stadt stammen. Die Stadt soll nach Angaben der Anhänger der Unterwasserstadt-Theorie auf einem Teil von Psathoura erbaut worden sein, der später abgesunken ist. Vermutet wird, daß die Stadt aus der Zeit zwischen 1300 bis 900 v. Chr. stammt. Bei spiegelglatter See machen die Betrachter – je nach persönlicher Einstellung oder Phantasie – vermeintliche Trümmer auf dem Meeresgrund aus.

Links: Als einzige Insel im Bereich der Nördlichen Sporaden besteht Psathoura aus Vulkan-Gestein.
Oben: Der Leuchtturm von Psathoura.
Unten: Der kleine Drachenkopf ist ein typischer Bewohner der Felsenküsten.

Piperi – Wo die Natur wieder für sich sein darf

Lage: östlich von Kyra Panagia und Jura

Größe: 7 Quadratkilometer

Höchste Erhebung: 352 m

Die Insel Piperi bildet die Kernzone des Meeresnationalparks. Gleichzeitig ist sie auch die unzugänglichste Insel, da es keine schützende Hafenbucht gibt. Steile Klippen fallen auf allen Seiten des Archipels ins Meer. Die Felsinsel hat eine Größe von 7 Quadratkilometern und erreicht Höhen von 274 bis 352 m. Die Insel ist von ausgedehnten Aleppokiefernwäldern und einzelnen Kermeseichen bewachsen.

Das Kloster der Insel wurde von Mönchen der Athos-Klöster schon vor vielen Jahren verlassen. Der letzte Mönch verkaufte die Insel an einen Privatmann in Skopelos, der das Eiland jedoch nicht nutzen darf. Der Besitz ist ohnehin umstritten, und so tauchte Piperi sogar einmal auf einer Liste von Inseln auf, die der griechische Staat zur Aufbesserung seiner Finanzen an Privatpersonen verkaufen wollte.

Bis vor wenigen Jahren lebte auf Piperi noch eine alte Rinderrasse, die optimal an das Mittelmeerklima angepaßt war und noch aus antiker Zeit stammte. Wassermangel und Jagd auf die Tiere führten zur Ausrottung dieser Rasse. Rings um Piperi darf in einer Drei-Meilen-Zone nicht gefischt werden. Dies soll einerseits die natürliche Produktivität der Fischressourcen fördern und andererseits die Mittelmeer-Mönchsrobbe ebenso schützen wie andere Meeresbewohner.

Piperi ist eine der wichtigsten Inseln für den Fortbestand der Mönchsrobbe im Mittelmeer und soll es durch den strengen Schutz auch bleiben. Der Insel darf man sich in einem Umkreis von drei Seemeilen deshalb auch nicht nähern..

Die Welt der geheimnisvollen Mönchsrobben im Bereich des Meeresnationalparks Nördliche Sporaden hat durch zahlreiche Schutzinitiativen wieder eine neue Chance bekommen. Mittlerweile verfolgen die Fischer nicht mehr die Robben, sondern sehen sie als ein Symbol für den Zustand der marinen Welt. Daß man auf die gefährdeten Mönchsrobben im Mittelmeer wieder aufmerksam wurde, ist dem Biologen Dr. Thomas Schultze-Westrum zu verdanken, der in den 70er Jahren mit sensationellen Filmaufnahmen auf die Gefährdung dieser faszinierenden Meeressäuger aufmerksam machte.

Skantzoura – Wo der Wald wieder eine Chance hat

Lage: südöstlich von Alonnisos

Größe: 7,7 Quadratkilometer

Höchste Erhebung: 107 m

Die Insel Skantzoura liegt zwischen Alonnisos und der Insel Skyros. Der höchste Punkt der 7,7 Quadratkilometer großen Insel ist nur 107 m hoch. Sie gehört ebenso wie die Insel Kyra Panagia zum Kloster Megisti Lavra auf dem Berg Athos. Ein verlassenes Kloster liegt auf dem höchsten Punkt der Insel. Das Eiland hat keinen geschützten Ankerplatz. Die Insel wird von Macchie, Phrygana und teilweise baumhohem Phönizischem Wacholder bedeckt.

Zwischen den Hügeln im Norden liegt eine fruchtbare Ebene. Die Olivenbäume der Insel werden nicht mehr gepflegt und abgeerntet, weil sich die Nutzung der Insel auf die Schaf- und Ziegenbeweidung durch einen Pächter von Alonnisos beschränkt. Skantzoura verfügt über wertvolle Marmorvorkommen, die bisher zum Glück nur an einer kleinen Stelle vor vielen Jahren abgebaut wurden. Durch die Ausweisung des Meeresnationalparks ist eine weitere Ausbeutung des Marmorvorkommens gestoppt worden.

Skantzoura sind die Inselchen Kasidis, Lachanou, Polemika, Strongylo, Prasso, Skandili und Korakas vorgelagert, die Kormoranen, Krähenscharben

und verschiedenen Möwenarten als Brutplatz dienen. Interessant ist der Anblick der Inseln Polemika und Lachanou, die einst zusammengehörten und dann auf Grund tektonischer Bewegungen auseinanderbrachen. Zu beachten ist, daß Skantzoura trotz seiner Lage abseits der anderen Verlassenen Inseln in der Zone A des Meeresnationalparks liegt und nicht betreten werden darf.

Seit die Beweidungsintensität verringert wurde, hat sich auf Skantzoura stellenweise wieder ein üppiger Hartlaubwald gebildet – ein Zeichen dafür, daß sich die Vegetation in vielen Bereichen des östlichen Mittelmeeres wieder regenerieren könnte, wenn man der Natur nur eine Chance dazu geben würde.

Oben: Auf der Insel Skantzoura – im Herzen des Meeresnationalparks – befinden sich noch die Reste eines ehemaligen Klosters.
Unten: Überall in den Macchie-Bereichen der Nördlichen Sporaden kann man den ursprünglich im östlichen Mittelmeergebiet und heute im Gesamtmittelmeerraum verbreiteten Judasbaum finden. Der Überlieferung nach soll sich Judas an diesem Baum nach dem Verrat von Jesus erhängt haben.

Skyros – Mehr den Kykladen ähnlich

Lage: 24 Seemeilen östlich von Euböa

Größe: 209 Quadratkilometer

Küstenlänge: 130 Kilometer

Größte Siedlung: Skyros (oder auch Chora)

Einwohner: rund 3000

Höchste Erhebung: Kochylas, 800 m hoch, im südlichen Teil der Insel

Seit uralter Zeit war Skyros bekannt als Zufluchtsort des sagenumwobenen Helden Achilles. Seine Mutter, die Göttin Thetis, soll ihn in Frauenkleidern im Kreise der Töchter des Königs Lykomedes verborgen haben, um seine Teilnahme am Trojanischen Krieg zu verhindern (was ihr ja der Sage nach nicht gelang). Auch Theseus, der König von Athen, soll auf Skyros gewesen sein und hier den Tod gefunden haben. Skyros, das schon in der Jungsteinzeit bewohnt war, gehört zwar geographisch gesehen zu den Nördlichen Sporaden, weist aber schon viele Elemente auf, die eher den Kykladen eigen sind. Dies zeigt sich an den kubischen Flachdachhäusern des Inselhauptortes Skyros (Chora) und – nur für Fachleute erkennbar – an verschiedenen Floren- und Faunenelementen. So ist die Insel in gewisser Weise

Nahtstelle der Natur und Kultur der Nördlichen Sporaden und der Kykladen. Steile Felsbereiche, malerische kleine Buchten und Grotten mit tiefblauem Wasser und eine vielseitige Vegetation kennzeichnen diese nicht mehr zum Nationalpark Nördliche Sporaden gehörende Insel. Eine Besonderheit der Insel sind Ponys, die hier wild leben. Der Gesamtbestand der Skyros-Ponys wird jedoch auf nicht mehr als 100 Tiere geschätzt.

Sehenswert sind hier zahlreiche alte Kirchen und Klöster, besonders aber das Kloster mit der Agios-Georgios-Kirche, die aus byzantinischer Zeit stammt. Im Hauptort werden im Archäologischen Museum – an der Treppengasse zur Küstenstraße – vor allem Funde aus mykenischer Zeit gezeigt. Im Bereich des Kàstro, das am Ort einer antiken Akropolis erbaut wurde, sind Abschnitte der Befestigungsanlagen mit antiken, aber auch byzantinischen und venezianischen Architekturresten erhalten. Hier steht die erwähnte Agios-Georgios-Kirche. Ökologisch besonders bedeutend ist die zum Glück nahezu unzugängliche Südküste mit ihren Felsbereichen und der zum Teil dichten Vegetation.

Noch findet man auf der Insel Skyros, die schon viele Elemente der Kykladen enthält, die Leute in traditionellen Trachten.

Der Naturraum Nördliche Sporaden

Kleine Erdgeschichte des Mittelmeers im Zeitraffer

Folgt man der griechischen Mythologie, sind die Nördlichen Sporaden durch die Brüder Otos und Efialtis entstanden. Diese riesenhaften Sagengestalten wollten ihre Kräfte messen und warfen hierzu große Steine in die Ägäis. So entstanden die Nördlichen Sporaden.

Beim Blick aus dem Flugzeug hat diese Betrachtungsweise der Antike durchaus etwas für sich. In Wirklichkeit wissen wir jedoch, daß die geologische Entstehung der Nördlichen Sporaden weit

komplizierter und eng mit der Entstehung des Mittelmeeres verknüpft ist.

Das Mittelmeer, wie wir es heute kennen, ist an erdgeschichtlichen Zeiträumen gemessen noch sehr jung und erst fünf Millionen Jahre alt. Es ist ein Überbleibsel des urzeitlichen Tethys-Meeres, das einmal nahezu die gesamte Erdoberfläche bedeckte, bevor die Kontinentalverschiebung die Landmassen so verschob, wie wir heute die Kontinente aus Satellitenaufnahmen kennen. Afrika, Europa und Asien waren zu jenen Urzeiten noch durch einen Kanal des Tethys-Meeres voneinander getrennt. Durch die Kontinentalverschiebung schob sich jedoch die afrikanische unter die eurasische Platte, wodurch sich der Kanal zwischen den Kontinenten Europa, Asien und Afrika nach und nach schloß und zwischen den Kontinenten das Mittelmeer übrig blieb, das jetzt nur noch über die Straße von Gibraltar Verbindung zu einem Ozean hat.

Im Laufe der Erdgeschichte trocknete das Mittelmeer mehrmals aus, was sich

Links: Kleine Felseninseln sind Brutgebiete seltener Vogelarten.
Oben: An den Steilküsten Kyra Panagias kann man Faltungen des Gesteins als Zeugnis der geologischen Inselgeschichte betrachten.

in mächtigen Salzablagerungen zeigt, die bei Bohrungen im Meeresboden nachgewiesen werden konnten. Außerdem lagerten sich auf dem Meeresboden unterschiedliche Sedimente ab, die zum Teil noch aus der Zeit des Thetys-Meeres stammen, insbesondere mächtige Kalkformationen.

Durch das Aufeinandertreffen und Unterschieben der afrikanischen unter die eurasische Platte setzten im Tertiär Faltungen ein, die zur Gebirgsbildung (alpidische Orogonese) der Alpen, der Pyrenäen, des Pindos und anderer Gebirge führte. Im Zuge der alpidischen Gebirgsbildung im Tertiär kam es dann zur Faltung der mächtigen Kalkformationen und damit schließlich zur Gebirgsbildung im Bereich der Nördlichen Sporaden.

Brandungskliffe sind ein typisches geomorphologisches Phänomen von Steilküsten.

Gipfelberge werden Inseln

Die heutige Inselwelt war vermutlich zunächst Teil des Festlands. Durch tektonische Hebungen und Senkungen und den Anstieg des Meeresspiegels wurde das Land überflutet. Seitdem ragen die Gipfel des Sporaden-Gebirges als Inseln aus dem Meer empor. Noch heute sind die Inseln der Nördlichen Sporaden mit einem flachen Schelf und einem schmalen unterseeischen Rücken verbunden, was diese These stützt. Eine Ausnahme bilden hierbei die Inseln Piperi und Skantzoura, die von den anderen Inseln über größere Tiefen getrennt sind. Während der Eiszeiten im Quartär müssen einige Inseln, wie Skiathos, Skopelos und Alonnisos, eine Zeitlang trokkengefallen sein, was die Einwanderung von Festlandtieren ermöglichte. Davon ausgenommen war vermutlich die Insel Jura, denn der Schelf erreicht dort Tiefen von weit über 100 Metern. Die zahlreichen endemischen Pflanzenarten auf Jura bestätigen, daß die Insel schon vor langer Zeit durch das Meer vom Festland getrennt wurde und während der Eiszeit, trotz des Absinkens des Meeresspiegels, wohl nicht vom Land aus zugänglich war. Dies steht ganz im Gegensatz zu den Verhältnissen auf der Insel Alonnisos, auf der Knochenfunde von Nashörnern, Zwergpferden und Hirschen am Strand von Kokkinokastro eine Festlandverbindung belegen. Die Absenkung des Meeresspiegels um 60 bis 80 Meter läßt sich dadurch erklären, daß während der Eiszeiten große Wassermassen gebunden wurden, was zu einer beträchtlichen Absenkung des Meeresspiegels führte. Wissenschaftlich nennt man dies eustatische Meeresspiegelschwankungen. Durch den vom Menschen in heutiger Zeit verursachten Treibhauseffekt wird im übrigen vermutet, daß das Eis der Pole schmilzt und der Meeresspiegel weiter ansteigt. In den Küstengebieten würde dies zu Überflutungskatastrophen führen.

Für die häufigen Erdbeben im Bereich der Nördlichen Sporaden ist ebenfalls das Aufeinandertreffen und Abtauchen der afrikanischen unter die eurasische Platte verantwortlich. Die seismische Aktivität beruht auf tektonischen Bruchlinien in der Region. Kleinere und größere Erdbeben erschüttern die Inseln regelmäßig, und man darf sich nicht wundern, wenn einmal der Boden unter den Füßen schwankt. Das letzte große Erdbeben auf den Nördlichen Sporaden war im Jahr 1965 und führte zur Zerstörung des Dorfes Alt-Alonnisos und verschiedener Dörfer auf Skopelos. Das Erdbeben erreichte 5,7 auf der Richterskala und dauerte zehn Sekunden. Verletzt oder getötet wurde niemand. Nach dem Beben wurden die Bewohner von Alt-Alonnisos in Notunterkünfte nach Patitiri umgesiedelt. Dort hat man dann, ähnlich wie in anderen griechischen Regionen, die wenig schönen Häuser errichtet, die gegen Erdbeben einigermaßen sicher sind. Die Errichtung dieser Betonskeletthäuser ist heute in fast allen Teilen Griechenlands Vorschrift, um besser gegen Erdbeben gewappnet zu sein. Nicht umsonst sehen die meisten griechischen Siedlungen so uniform und langweilig aus. Jedoch könnten die Häuser trotz des Betons der traditionellen Architektur angepaßt werden, wie dies einige gelungene Beispiele zeigen.

Welt aus Fels und Meer

Die Nördlichen Sporaden bestehen aus metamorphen und sedimentären Gesteinen aller Art, meist mesozoischen Kalken. Die metamorphen Gesteine sind hauptsächlich Gneise, Glimmerschiefer und Marmor. Die sedimentären Gesteine sind besonders durch Dolomite, Kalksteine, Flysch (Tonschiefer und Sandstein) und durch neogene marine Ablagerungen wie Mergel und mergelige Kalke vertreten. Eine Ausnahme macht die Insel Psathoura, die vulkanischen Ursprungs ist und aus Andesit von basaltischem Habitus besteht.

Von besonderer Bedeutung sind die Kalksteine der Inseln, die zur Ausbildung typischer Karstphänomene führen. Durch die Kohlensäureverwitterung löst sich Kalk auf, und die typische Verkarstung entsteht. Auf den Inseln kann man leicht typische Karstkarren, Karstlöcher und sogar Dolinen ausmachen.

Bezeichnend für Karstgebiete sind jedoch vor allem Höhlen, wie etwa die Zyklopenhöhle der Insel Jura. In feuchtwarmen Höhlen bilden sich Stalaktiten, die an der Decke hängen, und Stalagmi-

Wanderfalken leben in den Felsbereichen der Nördlichen Sporaden.

ten, die vom Boden herauf wachsen. Das Wachstum der Tropfsteine ist durch Kalkabscheidung bedingt. Diese verläuft umgekehrt zur Auflösung des Kalks. Kohlendioxidhaltiges Sikkerwasser mit Kalk tritt an die Luft, das Kohlendioxid entweicht, und der Kalk fällt aus. Dieser Vorgang führt auch zur Bildung von Kalksinterterrassen, wie man sie auf der Schwäbischen Alb, an den Plitvicer Seen in Kroatien oder in besonders schön ausgeprägter Form im türkischen Pamukkale bestaunen kann. Durch Mineralien und Tonbeimengungen erhalten die Tropfsteine oftmals schillernde Farben. Typische Böden der Nördlichen Sporaden sind Lithosole, Rendzinen und rotbraune mediterrane Böden. Als Lithosole bezeichnet man Rohböden auf Festgestein. Rendzinen sind flachgründige Böden, die sich auf Karbonatgestein bilden. Ein typischer Vertreter mediterraner Böden ist die rotbraune bis leuchtend rote Terra rossa, die vermutlich unter feuchtwarmen Bedingungen der Interglazial-Zeiten (Warmzeiten) entstand. Ein weiterer typisch mediterraner Boden ist die Terra

Große Teile der Inselwelt der Nördlichen Sporaden bestehen aus Kalkstein. Die Kohlensäureverwitterung führt zur Verkarstung, wie dies die Löcher im Gestein hier anschaulich aufzeigen.

Die Gelbe Gorgonie (Eunicella cavolinii), eine typische Korallenart des Mittelmeers.

fusca, ein ockerfarbener oder hellbrauner bis schwach rötlichbrauner, toniger Boden auf Kalkstein. Sowohl die Terra rossa als auch die Terra fusca sind fossile Böden.

Da die Bodenbildung im Mittelmeerraum sehr langsam vor sich geht und die Böden nicht sehr mächtig sind, führt ein Verlust der Pflanzendecke – etwa durch Abholzung oder Überweidung – sehr schnell zur Erosion und zur Freilegung des Gesteins. Viele kahle und erodierte Berge Griechenlands zeigen diesen bedrohlichen Vorgang.

Vom Winde verweht

Die Nördlichen Sporaden liegen im Bereich des ostmediterranen Klimas, das sich durch regenreiche Winter und eine sommerliche Trockenperiode auszeichnet. Während der Sommer – den Zeiten der Trockenperiode – wird das Mittelmeer vom subtropischen Hochdruckgürtel beeinflußt, und während der Winter bringen ozeanische Tiefs, die von Westen nach Osten durchziehen, Regenfälle und kühle Temperaturen.

Die Jahresdurchschnittstemperatur auf der Insel Skopelos – der einzigen Insel auf den Sporaden, die über eine Klimastation verfügt – beträgt 16,6° Celsius. Die Durchschnittstemperatur für den kältesten Monat, Januar, beträgt 8,7° Celsius und für den wärmsten Monat, August, 25,5° Celsius. Skopelos hat eine jährliche Niederschlagsmenge von durchschnittlich 750 Millimeter.

Von West nach Ost nehmen die Niederschläge auf den Sporaden ab, was nicht zuletzt auch von der Höhe der einzelnen Inselberge abhängig ist, an denen sich die Wolken abregnen können. Im Sommer bringen die Etesienwinde, griechisch Meltemi genannt, den Nördlichen Sporaden Abkühlung.

Der Meltemi entsteht durch den Hochdruckgürtel der „Azorenhochs“ und die über dem asiatischen Festland liegenden „Hitzetiefs“, was zu einem hohen Abfall des Luftdrucks (Isobaren) von West nach Ost führt. Die Etesienwinde wehen aus nordöstlicher oder

nordwestlicher Richtung und gehen teilweise in den Nordostpassat Nordafrikas über und können somit auch als „Passatwurzeln" angesehen werden. Der Meltemi weht von Mai bis Oktober und erreicht im Juli und August seinen Höhepunkt. Der Wind setzt meist am späten Morgen ein, erreicht am frühen Nachmittag seinen Höhepunkt und flaut gegen Abend normalerweise ab. Der Meltemi kann sturmartige Ausmaße annehmen und die Schiffahrt erheblich behindern oder sogar lahmlegen.

Bei starkem Meltemi können etwa Fährschiffe und Tragflügelboote oftmals den Hafen von Skopelos-Stadt nicht anlaufen und müssen auf die Agnontas-Bucht im Süden ausweichen. Auf Grund des starken Windes werden mitunter auch Fahrten mit dem Tragflügelboot von Thessaloniki aus ganz gestrichen. Kleinere Schiffe, wie Segel- und Fischerboote, müssen dagegen schon bei geringerem Wind größte Vorsicht walten lassen, und so ist gerade der Meltemi der beste Schutz des Meeresnationalparks in den oft unberechenbaren Gewässern der Verlassenen Inseln.

Brandungstore können im Bereich der Steilküsten angetroffen werden.

Gerade in der touristischen Hauptsaison kann es denn auch passieren, daß die Verlassenen Inseln oft tagelang wegen des schlechten Wetters nicht angelaufen werden können. Empfehlenswert ist daher ein Besuch der Nördlichen Sporaden in der Vor- beziehungsweise Nachsaison im Mai oder im September, wenn der Meltimi noch nicht oder nicht mehr so stark wütet.

Im Winter wehen auf den Nördlichen Sporaden die kalten, feuchten und stürmischen nördlichen Vorias-Winde, die auch Boras genannt werden. Diese Winde sind meist heftiger als die Etesien und können zur Einstellung der gesamten Schiffahrt in der Ägäis führen und die Inseln tagelang von der Außenwelt abschneiden. Die Vorias entstehen durch ein kräftiges Hochdruckgebiet über der Balkanhalbinsel und ein Tief über dem Meer, was zu einem heftigen Druckabfall führt. Dann gibt es noch die Land-See- beziehungsweise See-Land-Winde. Sie sind die Folge eines tageszeitlichen Druckausgleichs. See-Land-Win-

Faszinierende und zugleich fragile Welt des Meeres: die selten gewordenen Seepferdchen.

de bilden sich tagsüber, weil sich das Land schneller erwärmt als das Meer, erwärmte Luft über dem Land aufsteigt und kühlere Luft vom Meer nachdrängt. Land-See-Winde entstehen nachts auf umgekehrte Weise, denn das Land kühlt schneller ab als das Meer, und kühlere Luft strömt vom Land auf das Meer.

Brücke zwischen den Kontinenten: die Ägäis

Die Ägäis war nie ein trennendes, sondern immer ein verbindendes Meer. Auf unserem Planeten gibt es kein vergleichbares Meer wie das „Inselmeer" der Griechen, in dem sich Land und Meer so sehr verzahnen. Zwei Kontinente verbindet die Ägäis miteinander, und es ist nicht weiter verwunderlich, daß sich ausgerechnet hier die ersten Hochkulturen Europas entwickelten. Die Ägäis kann somit als die Wiege der abendländischen Kultur bezeichnet werden.

Bedingt durch die zahlreichen Inseln konnten sich leicht Schiffahrt und Handel entwickeln. Denn selbst bei weniger gut ausgeprägten Seefahrerkenntnissen war es möglich, bei Gefahr (meist rechtzeitig) die nächstgelegene Insel anzusteuern. Es gibt keinen Punkt in der Ägäis, der mehr als 60 Kilometer vom Land oder von der nächsten Insel entfernt ist.

Über 1300 Inseln gibt es in Griechenland, und jede Insel ist eine kleine Welt für sich. Und selbst wenn die Inseln nahe nebeneinander liegen, können sie sich in ihrem Charakter erheblich voneinander unterscheiden.

Die Ägäis ist ein flaches Meer, und den meisten Inseln sind – wie auch den Nördlichen Sporaden – breite Schelfbänder vorgelagert. Würde der Meeresspiegel um 500 Meter sinken, so lägen die meisten Inseln trocken, und man könnte ohne Probleme zu Fuß von Griechenland nach Kleinasien wandern. Trotzdem verfügt die Ägäis über drei Tiefseebecken. Im Norden der Nördlichen Sporaden erstreckt sich das Nordägäische Tiefseebecken von der Pilionhalbinsel bis zur heute türkischen Insel Gallipoli. Dieses Tiefseebecken erreicht in der Nähe der Sporaden bei der Pilionhalbinsel mit 1311 Metern sogar seine größte Tiefe. Im Süden der Sporaden erstreckt sich das Mittelägäische Bekken, das zwischen Samos und Euböa Tiefen von bis zu 1250 Metern erreicht.

Das dritte Tiefseebecken in der Südägäis erstreckt sich zwischen den Kykladen, Kreta und Rhodos und erreicht Tiefen von bis zu 2500 Metern.

Die Meeresströmungen umkreisen das Ägäische Meer entgegen dem Uhrzeigersinn. Dies ist auf den weniger salzhaltigen und bedeutenden Wasserzufluß aus dem Schwarzen Meer durch die Dardanellen und durch die starke Verdunstung des Ägäischen Meeres bedingt.

Der Salzgehalt des Wassers in der Ägäis ist mit 33 bis 39 Prozent wesentlich höher als etwa in der Nord- oder Ostsee. Dies ist auf die hohe Verdunstung und den geringen Wasseraustausch des Mittelmeeres mit dem Atlantik zurückzuführen. Dies führt von Natur aus auch zur Nährstoffarmut des Meeres. Durch Schadstoffeinleitungen aus den Siedlungsbereichen, von der Schiffahrt usw. wird diesem Effekt heute jedoch entgegengewirkt, was zu noch nicht absehbaren Folgen für den Naturhaushalt des Meeres führen kann. Ein Austausch der Wassermassen kann nur über die schmale Schwelle von Gibraltar mit dem Atlantischen Ozean erfolgen – und ein Austausch des gesamten Wassers des Mittelmeeres dauert auf diesem Weg über hundert Jahre. Nicht zuletzt dadurch können sich Umweltgifte und Abwässer zu gefährlichen Konzentrationen im Mittelmeer anreichern.

Die natürliche Nährstoffarmut des östlichen Mittelmeeres zeigt sich auch durch das tiefe Türkisblau des Meerwassers und ist synonym einer gewissen Fischarmut in der Ägäis. Dies bedeutet jedoch nur, daß es eine begrenzte Individuenzahl an Fischen gibt. Der Artenreichtum der Ägäis an unterschiedlichen Fischen ist hingegen beachtlich und weit vielfältiger als beispielsweise in der Nordsee. Die Oberflächentemperaturen

Seesterne besiedeln den Meeresgrund.

des Wassers liegen im Sommer zwischen 21° und 26° Celsius und im Winter zwischen 11° und 15°. Bedingt durch den hohen Salzgehalt beträgt die Wassertemperatur am Meeresboden durchschnittlich 13° Celsius. Ebbe und Flut spielen im Mittelmeer kaum eine Rolle und machen meistens nur den kaum bemerkbaren Unterschied von einem halben Meter aus.

Betrachtet man die Küstenformen der Nördlichen Sporaden, so handelt es sich meist um Abrasionsküsten. Dies sind Küsten, die durch das Meer erodiert und geformt werden. Das Meer fraß und frißt sich beständig in die meist aus Kalkstein bestehenden Steilküsten der Nördlichen Sporaden, und so entstanden und entstehen weiter Brandungshöhlen, Brandungstore und Kliffe. Die vom Meer geformten Höhlen bieten heute Unterschlupf für die Mittelmeer-Mönchsrobbe. Früher lebten die schon von Homer und Aristoteles beschriebenen Tiere – wie andere Robbenarten auch – im Bereich von Sand- und Kiesstränden. Wegen der Verfolgungen und Störungen durch die Menschen haben sich die

Noch finden sich auf Skiathos ökologisch bedeutende Feuchtgebiete. Sie sind insbesondere für Zugvögel wichtige Aufenthalts- und Rastplätze.

Mönchsrobben längst in solche oft nur unter Wasser zugänglichen Meereshöhlen zurückgezogen. Die Höhlen dienen den Mönchsrobben sowohl als Ruhestätten als auch zur Aufzucht der Jungtiere. Einige Küstenabschnitte besitzen jedoch Buchten, die nur wenig durch Abrasion geformt wurden. Bei diesen Buchten handelt es sich um Ingressionsbuchten, die nicht vom Meer geformt, sondern im Laufe der Erdgeschichte vom Meer überflutet wurden.

Ein anderes Naturphänomen der Nördlichen Sporaden ist die Herkunft der Sandstrände: Vor allem im Süden der Insel Skiathos wird die Küste nicht nur abgetragen, sondern durch das Meer auch „aufgeschüttet“. Aus diesem Grund verfügt Skiathos über zahlreiche Sandstrände. Das Strophalia-Feuchtgebiet mit seiner kleinen Lagune am Koukounaries-Strand verdankt diesen Aufbauvorgängen letztlich seine Existenz.

Der Mensch auf den Nördlichen Sporaden

Die Nördlichen Sporaden haben eine wechselvolle Geschichte, die immer wieder von Invasionen und Überfällen fremder Mächte und von Piraten geprägt wurde. Dies ist im wahrsten Sinne heute noch so, wenn jeden Sommer Tausende von Touristen die Inseln „überfallen“. Im Winter kehrt dann wieder Ruhe ein, und die Inselwelt beginnt wieder ihre alte Beschaulichkeit und Weltentrücktheit zurückzugewinnen.

Besiedelt wurden die Nördlichen Sporaden schon während der Steinzeit. Sie gehören somit zu den ältesten Siedlungsplätzen der Menschen in der Ägäis. In der Antike gehörten die Nördlichen Sporaden dem Attischen Seebund an (477 v. Chr.). Bei Artemisio waren die Inseln entscheidend an der Vernichtung der Flotte des Perserkönigs Xerxes beteiligt (480 v. Chr.). Nach der Niederlage der Athener gegen die Spartaner im Peloponnesischen Krieg 431 bis 404 v. Chr. gehörten die Inseln kurzzeitig auch zu Sparta. Danach schlug der Makedonierkönig Philipp 338 v. Chr. die Nördlichen Sporaden seinem Reich zu. Schließlich wurden die Inseln 197 v. Chr. von den Römern besetzt.

Marc Anton schenkte den Sporaden nach dem römischen Bürgerkrieg 42 v. Chr. die Freiheit, wonach sich Kultur und Wirtschaft der Inseln gut entwickeln konnten. In der byzantinischen Zeit (395 bis 1453 n. Chr. mit kurzen Unterbrechungen) wurden viele Klöster und Kirchen auf den Nördlichen Sporaden erbaut, von denen heute noch so manches steinerne Zeugnis vorhanden ist. Für einige Zeit, von 1204 bis 1260 n. Chr., beherrschten auch die Venezianer die Inselwelt, danach kam sie jedoch wieder in den Besitz von Byzanz. 1538 n. Chr. eroberte der ottomanische Admiral Hairedin Barbarossa die Inseln und brachte sie damit unter türkische Herrschaft, unterbrochen von einem erneuten, aber nur kurzen Zwischenspiel der Venezianer.

Die Nördlichen Sporaden spielten eine besondere Rolle bei der Befreiung Griechenlands von den Türken (1821 bis 1830), und so wurde Aufständischen und Flüchtlingen immer wieder Unterschlupf gewährt. Von der Gründung an gehörten die Inseln zum griechischen Königreich. Besetzt wurden die Inseln trotzdem immer wieder von fremden Mächten. Im Zweiten Weltkrieg von deutschen Truppen. Zu dieser Zeit wurden mehrere Einwohner von Alonnisos von der Wehrmacht umgebracht. Ein Mahnmal im alten Dorf von Alonnisos erinnert an diese schrecklichen Ereignisse. Nach dem Zweiten Weltkrieg wurde Griechenland von einem Bürgerkrieg erschüttert, der auch die Bewohner der Nördlichen Sporaden in zwei gegnerische Lager spaltete. Politische Instabiltät und ständig wechselnde Regierungen charakterisierten das politische Leben Griechenlands in den fünfziger und sechziger Jahren. 1967 putschte schließlich das Militär, das sich bis zur Zypern-Krise von 1974 mit diktatorischen Mitteln an der Macht halten konnte. Danach wurde Griechenland eine demokratische Republik, und dem Königtum wurde abgeschworen. Mit dem Beitritt zur Europäischen Union 1981 festigte sich die griechische Demokratie, auch wenn sie bis heute immer wieder von schweren politischen und wirtschaftlichen Krisen erschüttert wird.

Links: Noch immer wird der Käse auf Alonnisos traditionell hergestellt.
Oben: Die orthodoxe Kirche hat während der osmanischen Besetzung die griechische Kultur bewahrt. Sie spielt nach wie vor eine wichtige Rolle im Alltagsleben der Griechen.
Unten: Während des Freiheitskrieges gegen die Türken wurde die griechische Nationalfahne, das Andreaskreuz, erstmals auf Skiathos gehißt.

Lebensräume und Pflanzenwelt

Zwischen Aleppokiefernwäldern und Olivenhainen

Die Nördlichen Sporaden liegen allesamt in der Vegetationszone der mediterranen immergrünen Hartlaubgewächse. Die Pflanzen haben sich optimal an das mediterrane Klima, das durch Sommertrockenheit und feuchte Winter gekennzeichnet ist, angepaßt.

Die Natur hat ganz unterschiedliche – aber gleichermaßen effektive – Überlebensstrategien hervorgebracht. Vor der Trockenheit schützen sich viele Gewächse durch immergrüne, ledrige und mit Wachs überzogene Blätter. Dazu gehören unter anderem der wilde Ölbaum *(Olea europaea ssp. sylvestris)*, der Johannisbrotbaum *(Ceratonia siliqua)*, die Zistrose *(Cistus spec.)* und die Kermeseiche *(Quercus coccifera)*. Andere Pflanzen besitzen dicht behaarte Blätter, um das Sonnenlicht zu reflektieren und um sich so vor der Wärme zu schützen. Hierzu gehört die Spritzgurke *(Ecballium elaterium)*, eine zu den Kürbisgewächsen gehörende Pflanze, die zur Reifezeit ihre Samen explosionsartig aus den vier bis fünf Zentimeter langen, gurkenförmigen Früchten schleudert.

Überlebenskünstler, die Wasser speichern können, sind die an die extremen

Verhältnisse angepaßten Sukkulenten. Beispiele für solche Pflanzen sind der Strandmauerpfeffer *(Sedum litoreum)* und der Portulak *(Portulaca oleracea)*. Verholzte oder zu Dornen umgeformte Pflanzenteile schützen vor gefräßigen Tieren. Solche Vertreter sind die oft entlang von Wegrändern und Legesteinmauern zu findende Dornige Bibernelle *(Sarcopoterium spinosum)* und der im Bereich von Gebüschen, in Hecken oder an Felshängen gedeihende Christusdorn *(Paliurus spina-cristi)*.

Andere Pflanzen weichen der Dürrezeit aus und überdauern im Samenstadium oder als Zwiebel im Erdboden, um dann während der Regenzeit zu neuem Leben zu erwachen. Dazu gehören etwa die Meerzwiebel *(Urginea maritima)* und die verschiedenen Tulpen- und Krokusgewächse. Eine spezielle klimatische Anpassung haben auch die Wälder und Gebüsche.

Den Wald dominiert auf den Nördlichen Sporaden die Aleppokiefer *(Pinus halepensis)*, die große Teile von Skopelos, insbesondere aber den Berg Delphi bedeckt. Ein anderer für das Mittelmeer typischer Nadelbaum ist die Pinie *(Pinus pinea)*, die auf den Nördlichen Sporaden jedoch nur auf Skiathos vor allem am Sandstrand von Koukounaries anzutreffen ist. Die Pinie ist hinsichtlich ihres Standorts ein eher anspruchsvoller Baum und benötigt tiefgründigen, sandigen und feuchten Boden. Gerade deshalb ist sie bevorzugt an Küsten mit Sandstränden anzutreffen. Vermutet wird, daß die Pinie natürlicherweise nicht auf Skiathos vorkommt, sondern von den Römern auf die Insel gebracht wurde.

Ausgehend von der potentiellen natürlichen Vegetation wären auf den Nördlichen Sporaden vor allem immergrüne Eichen wie die Kermeseiche (*Quercus coccifera*) zu erwarten. Die

Noch immer werden die Aleppokiefern zur Harzgewinnung genützt. Es wird dem bekannten Retsina-Wein zugesetzt.

einstigen immergrünen Eichenwälder wurden jedoch schon seit der Antike nach und nach abgeholzt und zurückgedrängt. Die überall auf den Inseln natürlich vorkommende, schnellwachsende und vielfach dominierende Aleppokiefer wurde dann meist vom Menschen, ihres Holzes wegen, gefördert und ist heute weiter verbreitet, als es wohl der ursprünglichen Situation entsprach. Natürliche Standorte der Aleppokiefer sind vor allem Böden, die für das Gedeihen von Eichen weniger günstig sind. Auf solchen Standorten bildete die Aleppokiefer wohl schon immer größere Bestände.

Trotzdem beklagte der Griechenland-Geograph Alfred Philippson Ende des 19. Jahrhunderts gar einen dramatischen Rückgang der Kiefernwälder und schrieb dazu: „*Bis in die Mitte des 19. Jahrhunderts soll die Insel Skopelos außerhalb ihrer Anbaugebiete von prächtigen Kiefernwäldern bedeckt gewesen sein, welche das Holz für den Schiffbau lieferten. Mit dem Rückzug der Segelschiffahrt hat man sich mehr der Viehzucht zugewendet, daher die Wälder größtenteils vernichtet; an ihre Stelle sind meist Macchien getreten.*" Nachdem das Holz seinen ökonomischen Wert für den Schiffbau weitgehend verloren hatte, wurden die Kiefern also wieder verstärkt gerodet und keine nachhaltige Forstwirtschaft mehr betrieben, um Platz für die Beweidung zu schaffen. In der heutigen Zeit wird von der Forstverwaltung die Aleppokiefer jedoch erneut gefördert. Das Harz der Aleppokiefer wird übrigens noch heute zur Harzung des Retsina-Weins verwendet. Im Unterwuchs der Aleppokiefernwälder wachsen Sträucher und Kräuter, denen man zum Teil auch in der Macchie begegnet. Im Frühjahr blühen in den lichten Kiefernbeständen Orchideen, wie etwa das Schmetterlings-Knabenkraut (*Orchis papilionacea*) und die Bienenragwurz (*Ophrys apifera*).

Zu den weiteren Nadelbaumarten, die auf den Inseln anzutreffen sind, gehören die Zypresse *(Cupressus sempervirens)* und der Phönizische Wacholder *(Juniperus phoenicea)*. Die Zypresse kommt in freier Natur auf den Sporadeninseln nur vereinzelt vor, ist jedoch oft in Gärten angepflanzt. Der Phönizische Wacholder, der auf nahezu allen Inseln vorkommt, tritt meist als großer Strauch in der Macchie in Erscheinung. Ausgeprägte Bestände des Phönizischen Wacholders finden sich auf der Insel Skantzoura, wo diese Gehölze teilweise waldbildend sind und zu Bäumen von mehreren Metern Höhe heranwachsen.

Die Macchie

Sengende Sonne bringt die Luft zum Flimmern. Es duftet wie in einem Kräutergarten, und rings um uns herrscht trotz der Hitze – oder vielleicht gerade deshalb – reges Treiben! Glänzend blauschwarze Holzbienen steuern brummend die nektargefüllten Blüten an. Heuschrecken springen umher, und an manchen Stellen gaukeln Schmetterlinge.

Wir stehen in einem Macchiebereich auf der Insel Alonnisos. Für viele Gebiete im Mittelmeerraum ist die Macchie heute typische Vegetation. So auch für Teile von Skiathos, Skopelos, Alonnisos und die Verlassenen Inseln. Wenngleich es Macchie ziemlich sicher schon immer als Primärvegetation – etwa in unmittelbarer Küstennähe – gegeben hat, handelt es sich bei den meisten Beständen um Sekundärbuschland.

Hasenschwanzgras

Die einst waldbildenden immergrünen Eichen, im westlichen Mittelmeer vornehmlich die Steineiche *(Quercus ilex)* und im östlichen Mittelmeer hauptsächlich die Kermeseiche *(Quercus coccifera),* sind zwar Bestandteil der Macchie, erreichen jedoch kaum Baumgröße und entfalten sich allenfalls noch zur Strauchform. Die meisten Macchienbestände entstehen seit Jahrhunderten vornehmlich durch den direkten Einfluß der Menschen, sei es durch Rodungen, Feuer oder Beweidung.

Infolge der Beweidung durch die beinahe alles fressenden Ziegen kann die Macchie ihr Klimaxstadium, den immergrünen Eichenwald, nicht ausbilden. Hinzu kommen vielfach noch andere Nutzungen. Die Pflanzen der Macchie, beziehungsweise der zur Macchie degradierten Wälder, liefern neben Bau-, Brenn- und Schnitzholz auch Harze, Fasern, Gerbstoffe, Gewürzkräuter und allerlei andere Naturprodukte.

Im ehemaligen Jugoslawien wurde nach dem Zweiten Weltkrieg die Ziegenbeweidung verboten, und an der adriatischen Küste, etwa in Istrien, kann man

Die Macchie zeigt sich in unterschiedlicher Artenzusammensetzung und fast immer als undurchdringliches Gestrüpp zahlreicher dorniger und stachliger Pflanzen.

heute beobachten, wie sich der Wald nach Jahrhunderten der Übernutzung langsam wieder regeneriert. Dies braucht viel Zeit, und so schätzen die griechischen Botaniker Dimitrios Phitos und Georgia Kamari, daß eine natürliche Wiederbewaldung der Insel Jura, vorausgesetzt, es gibt keine menschlichen Eingriffe und keine übermäßige Beweidung mehr, rund hundert Jahre dauern würde.

Andererseits ist auf Teilen der Inseln Alonnisos und Skantzoura zu sehen, wie sich Macchiebestände nach Einschränkung der Weideintensität schon innerhalb weniger Jahre wieder zu mehr waldartigen Beständen wandeln. Auch wenn dabei nicht die ursprünglichen Wälder entstehen, besteht so doch die Chance auf eine vielfältige und naturnähere Inselwelt.

Unterschieden werden kann das Buschland in eine hohe Macchie (etwa drei bis fünf Meter Höhe) und eine niedere Macchie (Höhe zwischen eineinhalb und drei Metern). Der Name Macchie leitet sich übrigens von der korsischen Bezeichnung für eine Zistrose ab. Heute werden jedoch alle Gebiete von ähnlicher Struktur – auch wenn darin keine Zistrosen vorkommen – als Macchie bezeichnet. Die Macchie wächst oft sehr dicht. Die vielen dornigen Pflanzen, wie etwa der Behaarte Dornginster *(Calicotome villosa)* und die Stechwinde *(Smilax aspera)*, verweben das Gebüsch stellenweise zu einem undurchdringlichen, immergrünen Stachelnetz.

Charakteristische Pflanzen der hohen Macchie sind neben Zistrosen- und Ginsterarten sowie der Kermeseiche unter anderem Phönizischer Wacholder, Judasbaum *(Cercis siliquastrum)*, Östlicher Erdbeerbaum *(Arbutus andrachne)*, Lorbeerbaum *(Laurus nobilis)*, der auch Kreuzdorn genannte Immergrüne Faulbaum *(Rhamnus alaternus)*, Johannisbrotbaum *(Ceratonia siliqua)*, Steinlinde *(Phillyrea latifolia)*, Wilde Olive *(Olea europaea oleaster)* und Baumheide *(Erica arborea)*.

Je nach Lage, Bodenbeschaffenheit, Witterungseinflüssen, Beweidungsintensität und anderen anthropogen verursachten Einwirkungen kann sich eine Macchie jedoch unterschiedlich aus diesen Leitpflanzen zusammensetzen.

Ein bemerkenswerter Vertreter der Macchie ist der Mastixstrauch *(Pistacia lentiscus)*. Das grünliche bis farblose, wohlriechende Mastix (Harz) dieser Pistazienart wird noch heute zur Herstellung von Gebäck, zum Räuchern, als Kaugummi oder sogar zur Herstellung von Lacken verwendet.

Eine mythische Bedeutung besitzt die Myrte *(Myrtus communis)*, ein immergrüner buschiger Strauch, der zwischen Juni und September weiß blüht und schon im Altertum als Symbol der über den Tod hinausgehenden Liebe galt. Und so wird teilweise noch heute die Braut mit einem Myrtenkranz geschmückt.

In der niedrigen Macchie können dieselben Baum- und Straucharten – jedoch in niedrigerer Ausprägung – vorkommen. Meist ist dies auf Degradation durch Ziegenverbiß zurückzuführen. In solchen Beständen sind Zistrosen, Ginster, Erika und Strauchiges Brandkraut

Links: Feigenkaktus
Unten: Blüte des Feigenkaktus

Johannisbrotbaum (Ceratonia siliqua)

In Hartlaubwäldern, hohen Macchiebeständen trockener, steiniger, meist kalkiger Hänge, aber auch an Wegrändern und auf älteren Brachflächen mit ähnlichen Standortbedingungen wächst der bis zu 10 Meter hohe, immergrüne Johannisbrotbaum. Neben den wechselständigen, ledrigen Fiederblättern sind vor allem die schotenartigen Früchte auffallend.

Diese 10 bis 20 Zentimeter langen – im reifen Zustand schwarzbraunen – Hülsen haben es in sich! Denn fast jeder hat indirekt mit dem Johannisbrotbaum – oder vielmehr mit seinen Früchten – zu tun gehabt. Die darin enthaltenen Samen wiegen nämlich exakt 0,18 Gramm; und das ist genau ein Karat. Ausgangspunkt beziehungsweise natürliche Maßeinheit für die metrische Gewichtseinheit für Juwelen waren also die Samen des Johannisbrotbaumes.

Die Bezeichnung Karat stammt übrigens aus dem Arabischen. Die ursprünglich nur im östlichen Mittelmeergebiet verbreitete Baumart ist als alte, oft verwilderte Kulturpflanze heute im gesamten mediterranen Raum verbreitet.

Weil das Johannisbrotkernmehl der Samen eine höhere Quellfähigkeit als Stärke hat, wird es zur Bereitung von klebfreiem Brot, von Diätkost und für Speiseeis verwendet.

(Phlomis fruticosa) häufiger als in der hohen Macchie.

Nicht nur interessante Sträucher und Bäume finden sich in der Macchie, sondern auch eine Vielzahl anderer Pflanzen. So sind auf offenen Flächen im Frühjahr verschiedene Orchideenarten anzutreffen.

In der Phrygana

Wo der Boden flachgründig, steinig und felsig wird und die Trockenheit zunimmt, weicht die Macchie der Phrygana. Dies ist eine weniger geschlossene Pflanzenformation von Zwergsträuchern, in der auch zahlreiche Zwiebel-, Knollen- und einjährige Gewächse vorkommen. Wie bei der Macchie handelt es sich bei der Phrygana meist um eine Sekundärvegetation, die sich durch die raubwirtschaftliche Nutzung der Wald- und Macchienbestände durch den Menschen bildete.

Die Phrygana ist mit der Garrigue im westlichen Mittelmeerraum vergleichbar, wird jedoch durch ostmediterrane Florenelemente geprägt. Am Aufbau der Phrygana sind Pflanzen der Macchie, wie Zistrosen, Mastixstrauch, Kermeseiche und Wacholder beteiligt, die jedoch in kümmerlicher Form nur die Größe von Zwergsträuchern erreichen.

In Phrygana- und Garriguebereichen fühlt man sich wie in einem einzigen, riesigen Kräutergarten. Dazu tragen die würzigen Aromen verschiedener Thymian- *(Thymus spec.)*, Lavendel- *(Lavendula spec.)* und Rosmarinarten *(Rosmarinus spec.)* bei. Auch die klebrigen Blattabsonderungen der Zistrosen (Verdunstungsschutz) geben wahre Duftwolken von sich.

Sowohl in Macchiebereichen als auch in der Phrygana finden sich die Kretische Zistrose *(Cistus creticus)* sowie die Salbeiblättrige Zistrose *(Cistus salviifolius)*. Als typische Vertreter der Zwiebel- und Knollengewächse sind vor allem Gelber Affodill *(Asphodeline lutea)* und die Meerzwiebel *(Urginea maritima)* zu nennen. Doch vorherrschend sind in der Phrygana die Dornkugelbüsche, deren

Kugelform erheblich durch die Beweidung beeinflußt ist.

Die Dornen und Stacheln dienen als Schutz vor den gefräßigen Ziegen. Leitpflanzen sind hier die Dornige Bibernelle *(Sarcopoterium spinosum)*, der Dornige Ginster *(Genista acanthoclada)* und die Dornbusch-Wolfsmilch *(Euphorbia acanthothamnos)* sowie der Dornige Wundklee *(Antyllis hermanniae)*, die zwischen einem halben und einen Meter hohe Kugelbüsche bilden können. Weitere strauchige Pflanzen, die in der Phrygana wachsen, sind der Kopfige Thymian *(Coridothymus capitatus)*, die Silberweiße Spatenzunge *(Thymelava tartonraira)*, die Strauchkugelblume *(Globularia alypum)* und das Krähenbeerenblättrige Johanniskraut *(Hypericum empetrifolium)*.

Zwischen den Sträuchern können im Frühling verschiedene Orchideen, wie das Händelwurzartige Knabenkraut *(Orchis quadripunctata)* oder die Puppenorchis *(Aceras anthropophorum)* sowie Busen-Ragwurz *(Ophrys mammosa)*, Kotschys oder Zyprische Ragwurz *(Ophrys kotschyi)* und Gelbrandige Ragwurz *(Ophrys flavomarginata)* ausgemacht werden. Vor allem ostmediterrane Ragwurzarten, wie die Hufeisen-Ragwurz *(Ophrys ferrum-equinum)* oder die Äskulap-Ragwurz *(Ophrys aesculapii)*, können in der Phrygana angetroffen werden.

Weil Natur keine starren Grenzen kennt, gibt es zwischen waldähnlichen Beständen, Macchienbereichen und der Phrygana keine klaren Abgrenzungen, sondern vielerlei – je nach standörtlichen Gegebenheiten ausgeprägte – Übergänge und Zwischenformen. Dies gilt auch für die Verzahnung von Phrygana mit der sogenannten Küstensteppe.

Die Küstensteppe

Werden die Bodenverhältnisse noch karger und tritt mehr und mehr das offene Gestein zutage, so wandelt sich die Phrygana zur Felssteppe oder Felsflur, die in Küstennähe dann als Küstensteppe mit einer für sie typischen Pflanzengesellschaft ausgeprägt ist. In diesen – je nach Boden und Witterungseinflüssen – mehr oder minder breit ausgeprägten „Extremstreifen" können nur Überlebensspezialisten existieren.

Viele Pflanzen, wie die Meerzwiebel, finden sich sowohl in der Macchie als auch in der Phrygana. Für die Existenz in der Küstensteppe ist die Meerzwiebel jedoch mit ihrer im Durchmesser bis zu 15 Zentimeter großen Zwiebel, einem lebenden Wasserspeicher, bestens geeignet. Auch die verschiedenen Affodill-

Auf flachgründigen steinigen oder felsigen Bereichen, wo große Trockenheit herrscht, weicht die Macchie der niedrigeren Phrygana.

arten entspringen einer dicken Knolle und können so den sonst kärglichen Bereichen ebenfalls zu einer üppigen Blütenpracht verhelfen.

Manchmal findet man auf den Sporadeninseln den echten Feigenkaktus *(Opuntia ficus-indica)*. Die ursprüngliche Heimat dieser bis zu vier Meter hohen Opuntie ist das tropische Amerika. Der Kaktus wurde vermutlich von Kolumbus nach Europa eingeführt und gehört heute zum typischen Bild vieler Stellen des gesamten Mittelmeerraumes.

Wo das offene Gestein zutage tritt und die Bodenverhältnisse noch karger sind, wandelt sich die Flora zur Felssteppe oder Felsflur. In Küstennähe ist das Ganze dann als Küstensteppe mit einer typischen Pflanzengesellschaft ausgeprägt.

Natur- und Kulturland Nördliche Sporaden

Oliven und Obstgärten

Landschaftsprägend für das Kulturland des Mittelmeerraumes ist der Olivenbaum. Auf den Nördlichen Sporaden kann man ihn in der Wildform in Macchiebeständen und als Kulturform in der Nähe menschlicher Siedlungen antreffen. Olivenbäume liefern neben den begehrten Früchten und dem daraus gewonnenen wertvollen Olivenöl auch Brennholz für den Winter. Der Olivenbaum ist ein uralter Indikator für das mediterrane Klima, verträgt er doch die sommerliche Trockenheit vorzüglich und kann nur in nahezu frostfreien Gebieten gedeihen.

Rings um die Ansiedlungen auf den bewohnten Sporadeninseln gibt es fruchtbares Kulturland entweder auf kunstvoll mit Legesteinmauern gebildeten Terrassen, wie zum Beispiel auf Alonnisos, oder in Tälern, wie im Staphylos-Tal auf Skopelos. In solchen Bereichen werden vor allem Wein, Obst und Gemüse angebaut. Einzelbäume oder kleinere Gruppen von Zitronen-, Orangen-, Feigen-, Kastanien-, Mandel–, Pflaumen-, Maulbeer-, Kirsch- und Granatapfelbäumen durchsetzen das Kulturland und verleihen ihm einen vielgestaltigen Charakter.

Ende April/Anfang Mai verwandeln sich viele Olivenhaine und Obstgärten in ein wahres Blütenmeer. Hunderttausende Blüten des Klatschmohns *(Papaver rhoeas)* zieren den nur schütter bewachsenen Boden mit roten Farbtupfern. Hinzu kommt das leuchtende Blütengelb der weit verbreiteten Kronenwucherblume *(Chrysanthemum coronarium)* sowie verschiedener Habichtskraut- *(Hieracium spec.)* und Latticharten *(Crepis spec.)*. Dazwischen findet man die filigranen Fruchtstände des Bocksbarts *(Tragopogon spec.)*. Natur und Kultur geben sich in solchen extensiv genutzten Bereichen, in den Olivenhainen und Obstgärten, regelrecht die Hand.

Links: Alte Legesteinmauern, uralte Olivenbäume, verbuschtes Gelände und vor allem im Frühjahr eine bunte Blütenvielfalt zeigen, wie eng vernetzt Natur und Kultur im Bereich der Nördlichen Sporaden sind. Oben: Die Fruchtstände des Roten Bocksbarts zieren schon im Mai so manche aufgelassene Fläche. Früher wurde diese Art als Gemüsepflanze ähnlich der Schwarzwurzel kultiviert.

Blumenbunte Welt am Wegesrand

Eigentlich hätte uns die Mittagshitze eher zu einem kühlen Getränk im Schatten oder zu einer kleinen Siesta verleitet. Trotzdem machen wir uns auf den Weg, der uns hinaus in die hügelige Landschaft oberhalb des Hafenortes Patitiri auf Alonnisos führt. Durch Obst- und Gemüsegärten, Busch- und Brachland, vorbei an uralten Trockenmauern geht unsere Tour. Auch wenn jetzt, angesichts rinnender Schweißbäche, eine Erfrischung willkommener wäre, bereuen wir unseren Entschluß nicht. Belohnt werden wir mit einer überaus vielfältigen Blumenpracht.

Es sind nicht immer nur die seltenen Dinge, die den besonderen Reiz einer Gegend ausmachen. So begeistert uns das Puzzle aus typischen Wegrainpflanzen, Brachebewohnern, verwilderten Kulturpflanzen und Lebensraumspezialisten. Im Bereich von Wegrändern und aufgelassenem Gelände kommen die pflanzlichen Bewohner ganz unterschiedlicher Biotoptypen zusammen und fügen sich zu einem neuen Naturarrangement. Eine typische Pflanze an Wegerändern ist die Wilde Malve *(Malva sylvestris)* mit ihren leuchtend pinkfarbenen Blüten. Sie sind wie die Blütenrosetten der mit den Margeriten verwandten Kronenwucherblume *(Chrysanthemum coronarium)* und der Wucherblume (*Chrysanthemum segetum)* vielfach besuchte Tankstellen für eine mannigfaltige Insektenwelt. Im Bereich steiniger, geröllhaldenähnlicher Stellen, an Trockenmauern und am Rand von Gebüschen blüht im Mai und Juni der Dornige Akanthus *(Acanthus spinosus)*, dessen grazile Form in der Antike Vorbild für die Akanthus-Säulen war. Ähnliche Standorte besiedeln Stechendes Sternauge *(Pallenis spinosa)*, verschiedene Schwertlilien *(Iris spec.)*, Spritzgurke *(Ecballium elaterium),* Gelber Affodill *(Asphodeline lutea)*, Kleinfrüchtiger Affodill *(Asphodelus aestivus)*,

Strauchnessel *(Prasium mujus)* und Syrische Kratzdistel *(Notobasis syriaca).*

An Mauern und Steinhaufen findet sich die Weinraute *(Ruta graveolens)*, eine ausdauernde, bis zu 50 Zentimeter hohe Pflanze, deren Blätter beim Zerreiben einen eigentümlichen ätherischen Duft abgeben. Diese Pflanze wurde einst vermutlich von den Römern über die Alpen nach Mitteleuropa gebracht und wächst heute – allerdings sehr selten – verwildert in Halbtrockenrasen ehemaliger Weinbaugebiete oder in deren Nachbarschaft. Früher wurde die Weinraute nämlich als Zusatz bei der Weinbereitung sowie als Heil- und Gewürzpflanze verwendet. Ebenfalls häufig im Bereich von Mauern wächst auch die Napf-Schwarznessel *(Ballota acetabulosa).*

Ja, bei einer solchen Tour entlang der Wegrainflur zeigt sich schnell, daß Ödland gar nicht öde ist. Wie vielfältig könnten manche Wegränder in Dorf und Flur Mitteleuropas sein, wäre nicht durch den Sauberkeitswahn in Form von Beton und Asphalt die ganze Vielfalt vernichtet worden. So verwandeln verschiedene Arten von Königskerzen *(Verbascum spec.),* Natternkopf *(Echium plantagineum)* und Italienische Ochsenzunge *(Anchsa azurea)* ebenso wie Steinimmortelle *(Phagnalon rupestre und P. graecum)* und viele andere Pflanzenarten die nur scheinbar lebensfeindlichen „Ödlandstellen“ während des Frühjahrs und Frühsommers zu bunten Wildblumengärten. Und immer wieder bringen die verschiedenen Standorte neue Pflanzenkombinationen hervor. Mal wird das Blütenpotpourri von aromatisch duftenden Zistrosen mit ihren knittrigen lila Blüten ergänzt, mal wieder sind es die filigranen Fruchtstände

Entlang vieler Wege bilden verschiedene Arten von Wucherblumen blumenbunte Zierleisten.

des Großen Zittergrases *(Briza maxima)* und des Roten Bocksbarts *(Tragopogon porrifolius)*, die dem Ganzen einen besonderen Reiz verleihen.

Keine Stelle ist wie die andere, und so zieht es uns weiter, die kleine Pflanzenwelt am Wege mit ihrer großen Formen- und Farbenfülle zu entdecken. Die ökologischen Zierleisten entlang der Wege und Pfade setzen sich – mit Ausnahme von Skiathos-Stadt und der Gebiete der modernen Touristenhotels mit ihren Einheitsrasen – eigentlich überall auf den Sporaden bis in die Ansiedlungen hinein fort. Vor allem im Zusammenwirken mit Ruinenarealen verlassener Häuser und Ställe vermitteln sie ein wildromantisches Bild. Gerade im Bereich von Höfen, Ställen und Ruinen kommen noch manche Ruderalpflanzen hinzu. Dazu gehören die Pillen-Brennessel *(Urtica pilulifera)*, eine zwischen 30 Zentimeter und einem Meter hohe Pflanze, die ähnlich der gewöhnlichen Brennessel ein Stickstoffzeiger ist, sowie das Glaskraut *(Parietaria spec.)*, ebenfalls ein Brennesselgewächs, das in Mauern, Felsen und zwischen anderem Gestein gedeiht.

Angepflanzt und liebevoll gepflegt im Bereich von Vorgärten und Plätzen oder in Ruinenarealen verwildert finden sich auch die dickfleischigen Mittagsblumen. Die Rotblühende Mittagsblume (*Carpobrotus edulis)* stammt ursprünglich aus Südafrika, ist heute jedoch durch den Menschen fast im gesamten Mittelmeerraum verbreitet.

Oben: Stachelbewehrte Farbtupfer: Die Syrische Kratzdistel.
Rechts: Natternkopf

Endemische Pflanzenarten

Insellagen – ob es nun Bereiche im Hochgebirge, in abgeschiedenen Tälern, in Wüsten oder anderswo sind – bieten verschiedene Voraussetzungen für die Entwicklung und Ausbildung spezieller Pflanzenarten oder ihrer Unterarten. Erst recht ist dies der Fall, wenn es sich um „echte", also meerumgebene Inseln handelt. So gibt es auch im Bereich der Nördlichen Sporaden endemische, das heißt nur hier vorkommende Pflanzenarten. Über zehn Arten, verschiedene Unterarten und Varietäten wurden bislang als Teile der endemischen Flora der Nördlichen Sporaden erfaßt.

Erst Ende der achtziger Jahre wurde die Schachblumenart *Fritillaria sporadum* auf der Insel Jura entdeckt. Isoliert wächst die Blaukissenart *Aubrieta deltoidea sporadum* auf Skiathos und Skopelos. Im Bereich der nördlichen, steilen Küsten der Insel Jura gedeiht die Sandkrautart *Arenaria litoralis,* zum Teil vergesellschaftet mit der Leinkrautart *Silene fabaria.*

Selbst innerhalb des Gebietes der Nördlichen Sporaden haben manche Pflanzen nur eine sehr lokale Verbreitung. So wächst der Mohn *Papaver stipitatum* nur auf der Insel Skopelos. Der Lein *Linum gyaricum* kommt ausschließlich auf Jura und Kyra Panagia vor und hat seine nächstverwandte Art, den Weißen Lein *(Linum leucanthum),* auf dem griechischen Festland. Das Leinkraut *Silene linifolia sporadum* wird als eine isolierte Sippe der auf dem griechischen Festland weit verbreiteten typischen Art angesehen und wächst auf Jura.

Auch von den Glockenblumengewächsen gibt es endemische Arten auf den Nördlichen Sporaden. Auf Skiathos und Skopelos gedeihen die Glockenblumen *Campanula sciathia* und *Campanula scopelia.* Weitere Campanula-Arten sind *C. reiseri* auf Jura und Kyra Panagia und *C. rechingeri* auf Piperi. Eine seltene Glockenblume, *Centaurea rechingeri*, kommt nur auf Jura und Kyra Panagia vor und gilt als ein typischer Endemit der Nördlichen Sporaden. Wie alle Sporaden-Endemiten bestimmt jedoch auch diese Pflanze nicht den Florencharakter.

Hinzu kommen noch verschiedene Arten, die nicht ausschließlich für die Nördlichen Sporaden, sondern für ein oder mehrere Teilgebiete der Ägäis als endemisch gelten. Dazu gehört etwa die Felsenbirnenart *Amelanchier cretica,*

Zwischen den oft verfallenen Häusern von Alt-Alonnisos, aber auch in anderen Bereichen der Sporadeninseln, finden sich viele Ruderalfluren.

die auf Kreta, Jura und kleinen Bereichen des griechischen Festlandes vorkommt, oder das Labkraut *Galium reiseri,* das auf Kyra Panagia, Jura, Alonnisos und Skyros wächst.

Das Meer

Eines der beeindruckendsten Erlebnisse auf den Sporaden ist – außerhalb der Siedlungen – die eigentümliche Ruhe. Wir lassen uns auf Alonnisos auf einem Felssporn am Wasser nieder: Es sind ausschließlich Geräusche der Natur zu hören. Sanft streicht der Wind durch die Zweige von Zistrosen und Mastixsträuchern. Dann und wann summt oder brummt ein Insekt vorbei. Irgendwo raschelt eine Eidechse. Alle diese Stimmen der Natur mischen sich mit dem monotonen Plätschern des Meerwassers, das bei schönem Wetter so ganz und gar undramatisch an Kiesflächen und Felsen schwappt.

So wie sich trotz vieler Übergänge die verschiedenen Lebensraumtypen an Land unterscheiden lassen, sind auch die Übergangsbereiche zwischen Land und

Oben: Die endemische Schachblumenart (Fritillaria sporadum), eine jener Pflanzenarten, die nur im Bereich der Sporaden gedeihen.
Unten: Ebenfalls eine Besonderheit der Nördlichen Sporaden, die Glockenblume (Campanula reiseri).

Wasser zoniert. Der oberste Bereich der Küstenlinie, die sogenannte weiße Zone, ist bei starkem Seegang und dem damit verbundenen starken Wind in besonderer Weise dem Meerwasser ausgesetzt. Vor allem während der Herbst- und Winterstürme wird der Boden abgetragen. Die Felsbereiche werden vom Salzwasser besprüht. Dies sorgt dafür, daß diese „Spritzwasserlinie“ so weißlich aussieht.

Zwischen Land und Meer: Die Zonierung der Küstenlinie kann genau abgelesen werden. Man unterscheidet zwischen der weißen Spritzwasserlinie, der grauen vom Wasser benetzten Zone und der regelmäßig überfluteten schwarzen Zone.

Diesem Bereich folgt die sogenannte graue Zone; dies sind Stellen, die regelmäßig vom Wasser benetzt werden und deshalb mit einem feinen Film aus Algen überzogen sind. Diesem Bereich folgt die „schwarze Zone". Hier sorgen bohrende Blaualgen durch die „Zerlegung" des Kalks für ein furchiges, kantiges Profil des Gesteins. Die daran angrenzenden oder ineinander übergehenden Zonen sind die Gezeitenzonen, die insgesamt als Litoral bezeichnet werden. Das Litoral teilt sich auf in das Subralitoral oder die Spritzwasserzone, die nur gelegentlich überspült wird, das Eulitoral oder die Gezeitenzone, die täglich zweimal überspült wird, und das Sublitoral als Zone, die ständig unter Wasser steht.

Felsenküste und Meereshöhlen

Die reichste Unterwasserwelt des Mittelmeeres findet sich an felsigen Küsten. Entlang der Steil- und Felsenküsten der Nördlichen Sporaden überwiegen die Hartböden. Zum einen sind dies die primären, aus Felsgestein bestehenden Hartböden, und zum anderen die sekundären Hartböden, die durch kalkabscheidende Organismen, wie Moostierchen, Röhrenwürmer und Kalkrotalgen, gebildet werden. Die Lebensgemeinschaften beider Hartböden sind nahezu identisch, wohingegen die Artenzusammensetzung je nach Lichtintensität und Wasserbewegung variiert.

Meist siedeln sich auf Hartböden verschiedene Algenarten an. Anzutreffen sind in solchen Bereichen unterschiedliche Organismen, wie Moostierchen, Nesseltierchen, Röhrenwürmer, Napfschnecken, Seescheiden, und verschiedene Krebs- und Muschelarten. Der Schwarze Seeigel *(Arbacia lixula)* lebt auf Felsen und grast von diesen mit seinen fünf Zähnen, die wie der Spannkopf einer Bohrmaschine arbeiten, Algen ab. Bei übermäßigem Vorkommen von Seeigeln ist dies meist ein Zeichen von Gewässerbelastung, da sie sich auch an verschmutztes Wasser ohne Probleme anpassen können. Räuberische Seesterne bewegen sich ebenfalls an den Felswänden entlang und fressen vor allem Mollusken.

Zwischen den Inseln: Faszinierende Felsenwelt unter Wasser.

Welt der Schwämme und Korallen

Besondere Bewohner dieser Bereiche sind die Schwämme, die zu den niederen Tieren gezählt werden. Im Meer der Nördlichen Sporaden gibt es beispielsweise den Nierenschwamm *(Chondrosia reniformis)*, den Hellblauen Krustenschwamm *(Anchinoe tenacior)*, den Höckrigen Krustenschwamm *(Crambe crambe)* und den Glatten Geweihschwamm *(Axinella verrucosa)*. Vom Menschen werden verschiedene Schwammarten noch bis heute als Naturbadeschwämme genutzt. Das Schwammtauchen wurde von den Fischern der Nördlichen Sporaden nie betrieben. Zentrum der Schwammfischerei ist die Insel Kalymnos in der östlichen Ägäis. Durch die Schwammfischer von Kalymnos wurden jedoch in vielen Gegenden der Ägäis die Schwämme erheblich dezimiert, so daß die Schwammfischer heute mit ihren Booten bis vor die Küsten Nordafrikas fahren müssen, um eine einigermaßen gute Ausbeute zu erhalten. Im Mittelmeer gibt es rund 600 Schwammarten. Seit dem Erdaltertum vor 600 Millionen Jahren leben Schwämme auf der Erde. Bewohnt werden Schwämme von verschiedenen Krebsen und Borstenwürmern. Starke Wasserverschmutzung kann die Schwämme innerhalb kurzer Zeit zum Absterben bringen.

Im Mittelmeer leben nur 86 Korallenarten von insgesamt etwa 6000 auf der ganzen Welt. Seltene Bewohner des Meeres sind mittlerweile verschiedene Arten der Horn- und Steinkorallen. Insbesondere die Rote Koralle oder Edelkoralle *(Corallium rubrum)* ist in großen Tiefen auch im Meer der Nördlichen Sporaden aufzufinden. Die Edelkoralle wird vor allem als Souvenir geschätzt und zu mehr oder weniger kitschigem Schmuck verarbeitet. Sie wird in manchen Gebieten des Mittelmeeres noch immer von kommerziellen Tauchern aus Tiefen von 50 bis 100 Metern dem Meer entnommen. Ein Kilogramm Roter Korallen kann durchaus 300 bis 500 DM

Die Rote Edelkoralle (Corallium rubrum) ist die seltenste Koralle im Mittelmeer.

erbringen. Doch leider wird nach diesen Korallen mittlerweile nicht mehr nur getaucht. Es werden auch spezielle Geräte, unter anderem das stählerne Korallenkreuz, auch „italienisches Kreuz" genannt, eingesetzt. Diese Korallenkreuze bestehen aus sechs bis acht Meter langen Stahlrohren mit Ketten und Netzen und zerstören beim Einsatz den empfindlichen Meeresboden. Die Ausbeute bleibt bei etwa nur 20 Prozent der zerstörten Korallen, die restlichen 80 Prozent verrotten sinnlos im Meer. Das „italienische Kreuz" sollte daher sofort verboten werden. Längst ist es an der Zeit, daß etwa die Europäische Union im Hinblick auf Fangmethoden im Meer schärfere Bestimmungen einführt, kontrolliert und auch durchsetzt.

In Griechenland wird diese Art des Korallenfangs zum Glück jedoch nur sehr selten betrieben. Im gesamten Mittelmeer haben die Bestände der Edelkoralle rapide abgenommen, und bei weiterer Ausbeutung wird es diese Korallenart wohl bald nur noch in Schutzgebieten, wirksames Management vorausgesetzt, geben.

Die Posidoniawiesen sind die Unterwasserwälder des Mittelmeeres und gleichzeitig die Kinderstube vieler Fischarten.

Eine weitere wichtige Korallenart, die in den Gewässern der Nördlichen Sporaden anzutreffen ist, ist die Gelbe Gorgonie *(Eunicella cavolinii)*, ein filigranes, fächerförmiges Gebilde. Wie die Edelkoralle lebt auch sie im Bereich von Höhlen.

Die Brandungshöhlen an der Steilküste sind Lebensraum für Tiere und Pflanzen, die nur wenig oder gar kein Licht benötigen und ansonsten nur in großen Tiefen des Meeres vorkommen. Typische Bewohner von Höhlen sind die Einhorngarnele *(Pleisionika narval)*, die Scherengarnele *(Stenopus spinosus)* und verschiedene andere Krebstiere sowie Fische und Schwämme, die normalerweise in großen Tiefen auf den Hartböden anzutreffen sind. Besitzen Meereshöhlen einen nicht überfluteten Strand, so wird dieser unter Umständen von der Mittelmeer-Mönchsrobbe als Ruheplatz oder zur Aufzucht der Jungen genutzt.

Es versteht sich von selbst, daß solche Höhlen nicht aufgesucht werden sollten, damit die Natur wenigstens hier unbeeinträchtigt bleibt. Auch muß selbstverständlich beim Schnorcheln auf die Welt unter Wasser Rücksicht genommen werden.

Seegraswiesen, Weichböden und Sandböden

Die Seegras- oder Posidoniawiesen sind die „Wälder" des Mittelmeeres. Bei den Nördlichen Sporaden sind sie vor allem an den flacheren Südküsten der Inseln anzutreffen. Sie wachsen je nach Lichteinfall auf sandigen und schlickigen Böden in den Flachwasserzonen der Küsten bis in 30 bis 40 Meter Tiefe.

Das ausschließlich im Mittelmeer vorkommende Neptungras *(Posidonia oceanica)* ist in den Seegraswiesen dominierend. Andere Seegrasarten, die weniger häufig sind, sind das Gemeine Seegras, das Zwergseegras und das Tanggras. Diese Arten kommen nur auf sandig-schlickigen Böden bis zehn Meter Tiefe vor. Die Posidoniawiesen sind vor allem als „Kinderstube" der Fische und als Sauerstoffproduzenten von erheblicher Bedeutung für das mediterrane Ökosystem. Nicht ohne Grund werden die Posidoniawiesen auch als die „Lungen des Mittelmeeres" bezeichnet. Auf einem Quadratmeter dieser Wiesen können bis zu 7000 Pflanzen vorhanden sein, die pro Tag bis zu 14 Liter Sauerstoff produzieren.

In dem dichten Blätterwald dieser marinen Wiesen finden viele Tierarten Nahrung und Schutz. Typisch für Posidoniawiesen sind unter anderem die Steckmuschel *(Pinna nobilis)*, der Rötliche Steinseeigel *(Paracentrotus lividus)* oder die Seegrasgarnele *(Hippolyte spec.)*.

Typische Schnecken der Posidonia-Wiesen sind die Tonnen- und die Helmschnecke. Beide fressen Seeigel und produzieren Säuren, die ihnen den Angriff auf die Panzer der Seeigel erleichtern.

Faszination Natur unter Wasser: Der Goldschwamm Verongia airophoba.

Im Bereich offener Buchten mit starkem Wellengang oder bei zunehmender Tiefe treten die Seegraswiesen zurück, und es dominiert der freie Sandgrund. Zunächst glaubt man, daß der Boden einer Wüste ähnelt. Beim genaueren Hinsehen läßt sich jedoch reichhaltiges Leben beobachten. An diesen Lebensraum optimal angepaßte Fische sind etwa Butt, Scholle, Rochen oder das Petermännchen. Außerdem können oft Seegurke und Seestern dort beobachtet werden.

Tintenfische der Gattung *Sepia* lauern auf Nahrungssuche im Sand, und auf dem Boden sind Sandröhrenwürmer und unterschiedliche Muscheln und Schneckenarten aufzufinden.

Der Weichboden besteht aus Schlick- und Tonpartikeln und ist in zunehmender Entfernung von der Küste anzutreffen. Die flachen Weichböden werden von Nesseltieren, Seerosen, Seefedern und Seesternen bevölkert. In großen Tiefen leben Hummer und Langusten. Zahlreiche Krebse, wie der Maulwurfskrebs, und Muscheln, wie die Stachelige Herzmuschel oder die Jakobsmuschel, bevölkern ebenfalls die Weichböden.

Das offene Meer

Die offenen Wasser des Meeres sind Lebensraum für Plankton und für verschiedene Quallenarten. Plankton ist die Sammelbezeichnung aller im Wasser schwebender Organismen, die sich nicht selbst fortbewegen können. Pflanzliches Plankton heißt Phytoplankton, tierisches wird als Zooplankton bezeichnet. Plankton ist ein wichtiges Glied der Nahrungskette des Meeres, und letztlich ist es die eigentliche Nahrungsquelle aller Lebewesen im Meer. Quallen können auch dem Plankton zugerechnet werden, wenn sie klein sind und passiv verdriftet werden können. Von den verschiedenen Quallen-Arten kann die Rote Feuerqualle bei Berührung für den Menschen sehr unangenehm sein, da sie schmerzhafte Verbrennungen hervorruft. Typische hochseebewohnende Fische sind beispielsweise Haie, Thun- und Schwertfische. Im offenen Meer leben auch die Meeressäuger des Mittelmeeres wie Delphine und Wale.

Filigranes Wunder der Natur, die Spiegeleiqualle Cotylorhiza tuberculata.

Die Tierwelt der Sporaden-gewässer

Eines der letzten Paradiese für die Mönchsrobben

Der Meeresnationalpark „Nördliche Sporaden" wurde vor allem zum Schutz einer der letzten Mönchsrobbenkolonien des Mittelmeeres eingerichtet.

Schon Aristoteles beschrieb in seinem Werk *„De partibus animalium"* die Mönchsrobben sehr genau, und in Homers *„Odyssee"* finden sich Hinweise auf diese faszinierenden Meeressäuger. Die Mönchsrobben sind die einzigen Lebewesen in der Ägäis, deren Laut-

äußerungen Homer dazu inspiriert haben könnten, die Sirenen der antiken Mythologie zu erdichten. Denn die hohen, weit in die Ferne tönenden Rufe der einzigen im Mittelmeer lebenden Robbenart klingen für uns Menschen geheimnisvoll und übernatürlich. Es gibt von diesen bis zu 3,50 Meter langen Säugern verschiedene naturgetreue Abbildungen aus den letzten Jahrhunderten. Das erste Tier, das aus der Neuen Welt bekannt wurde, war eine Mönchsrobbe, nämlich die mit der Mittelmeer-Mönchsrobbe verwandte Karibische Mönchsrobbe. Christoph Kolumbus schildert diese Tierart in seinen Logbüchern bei der Entdeckung Amerikas. Doch die früher weit im Karibischen Meer und im Golf von Mexiko verbreitete Karibische Mönchsrobbe gilt heute als ausgerottet. Außer im Mittelmeer gibt es heute nur noch in den Gewässern um die Hawaii- und die Laysan-Inseln eine weitere Mönchsrobbenart. Der Bestand der Hawaii- oder Laysan-Mönchsrobbe wird auf nur noch 1000 Exemplare geschätzt. Diese Art ist somit ebenfalls vom Aussterben bedroht.

Große Fischfangboote sind der Hauptgrund für die Überfischung des Mittelmeeres. Die traditionelle Fischerei bleibt so auf der Strecke.

Die Mittelmeer-Mönchsrobbe selbst gehört zu den geheimnisvollsten Säugetieren Europas. Nur sehr wenig ist über die Lebensweise dieser Art bekannt. Lange Zeit wollten manche Zoologen nicht so recht glauben, daß im Mittelmeer überhaupt Robben existieren, obwohl schon 1896 der bekannte deutsche Griechenland-Geograph Alfred Philippson bei der Beschreibung eines Küstenabschnitts der Nördlichen Sporaden anmerkte: *„Es ist eine jähe Steilwand, mit malerischen Brandungsgrotten, ein Rückzugsplatz der immer seltener werdenden Seehunde.*“ Damals waren die Mönchsrobben schon stark dezimiert worden. Liest man dazu den Roman *„Raubfischer in Hellas*“ von Werner Helwig, der auf der Pilion-Halbinsel spielt, kann man sich gut vorstellen, welcher Raubbau, vor allem durch das Dynamitfischen, mit den Meeresressourcen getrieben wurde und noch immer wird. In der neueren Zeit war die

Meereshöhlen bilden sich durch starke Brandung an Steilküsten.

Mönchsrobbe in Vergessenheit geraten, und erst Mitte der siebziger Jahre gelang es dem Biologen und Naturfilmer Dr. Thomas Schultze-Westrum, mit aufsehenerregenden Dokumentaraufnahmen auf die Robben des Mittelmeeres und speziell in der Ägäis und deren akute Gefährdung aufmerksam zu machen. Der engagierte Naturschützer wollte nicht tatenlos zusehen, wie die „Sirenen der Antike“ lautlos und unbemerkt von unserem Globus verschwinden.

Einstmals waren Mönchsrobben an den Küsten des Schwarzen Meeres, der Adria und des übrigen Mittelmeerraums, in einigen Bereichen der nordwestafrikanischen Atlantikküste und um Madeira und die Kanarischen Inseln verbreitetet. Heute wird der Gesamtbestand auf weniger als 500 Exemplare geschätzt. Die größte Mönchsrobben-Kolonie der Welt befindet sich an der Atlantikküste der Halbinsel Cap Blanc bei Mauretanien. Auf nur wenigen Küstenkilometern leben dort in drei großen Brandungshöhlen über zweihundert Mönchsrobben. Die Stiftung Europäisches Naturerbe (EURONATUR) hat in Zusammenarbeit mit der spanischen Naturschutzorganisation ISIFER ein international vielbeachtetes Projekt gestartet, um diese Kolonie wirksam zu schützen. Gefährlich für die Mönchsrobben sind in Westafrika nicht die Küstenfischer, sondern große industriell fischende Trawler, in deren Netzen die Robben ertrinken.

Die verstreuten Vorkommen der verbliebenen „Sirenen“ in der Ägäis, im Ionischen Meer, entlang der Küste von Anatolien, an den Küstenabschnitten von Sardinien und in den übrigen Rückzugsgebieten stehen vor einer äußerst ungewissen Zukunft. Meeresverschmutzung, Überfischung und Lebensraumzerstörung machen vor den letzten abgelegenen Refugien der Mönchsrobben nicht halt. Deshalb kann auch der Meeresnationalpark „Nördliche Sporaden“ nicht isoliert betrachtet werden. Die dort lebenden Mönchsrobben haben letztlich nur dann eine Chance, wenn der Park konsequent kontrolliert wird und die Schadeinwirkungen von außen eingedämmt werden. Naturschutz vor Ort muß deshalb durch umweltpolitische Lobbyarbeit in internationalem Rahmen ergänzt werden.

Tintenfische sind eine beliebte Speise der Mönchsrobben.

Was nützen Gesetze?

Mönchsrobben ernähren sich überwiegend von Fischen, und das macht sie aus der Sicht vieler Fischer zu Hauptkonkurrenten, weshalb sie schnell bei der Hand sind, den imposanten Säugern den Rückgang begehrter Meeresfische anzulasten. Dabei werden allzu gern die dramatische Verschmutzung des Meeres und die Ausbeutung früher reicher Fanggründe durch Überfischung nicht beachtet. Früher wurden im Bereich der Nördlichen Sporaden Mönchsrobben auch gejagt, um aus ihrem Fell Sandalen und Gürtel herzustellen oder um aus ihrem Fett geheimnisvolle Medizin zu brauen.

Obwohl die Robbenbestände zu kaum überlebensfähigen, oft isolierten Restpopulationen zusammengeschrumpft sind, kommt es immer noch vor, daß Tiere von erbosten Fischern totgeschlagen werden. Da nützt es wenig, wenn Mönchsrobben in Griechenland, Italien, Zypern, der Türkei, Bulgarien und Tunesien gesetzlich geschützt sind. Wer kontrolliert schon abgelegene Küstenstreifen, und welches Gesetz gilt auf der offenen See? Hinzu kommen viele andere mögliche Gefahren:

- Die Fischerei verwendet heute fast ausschließlich moderne Kunststoffnetze. Beschädigte Netze werden zunehmend ins Meer geworfen und treiben, genauso wie die abgerissenen Netzteile, bis in die entlegensten Buchten. Robben, die sich in solchen Netzen verfangen, können nicht mehr entkommen und müssen elendiglich ertrinken. Viele Seevögel, Seeschildkröten und Delphine ereilt dasselbe Schicksal.
- Da es keine ungestörten Sandstrände gibt, auf denen sich Robben aufhalten können und auf denen es geeignete Liegeplätze für die Muttertiere mit ihren Jungen gibt, sind Felshöhlen an den Steilküsten die letzten Zufluchtsorte für die Tiere. Solche Bereiche sind jedoch auch vor aben-

Streifendelphine sind elegante Springer. In der Antike wurden sie als göttliche Tiere verehrt.

teuerlustigen Sporttauchern nicht sicher, und die Mönchsrobben werden selbst dort gestört und vertrieben.

- Sportboote dringen in die letzten Lebensräume der Mönchsrobben vor und verursachen erhebliche Störungen.
- Die wenigen Robbenvorkommen sind äußerst isoliert, so daß ein Austausch der Populationen kaum mehr möglich ist und die Restbestände durch genetische Verarmung bedroht sind.
- Immer wieder kommt es vor, daß gewissenlose Leute in verschiedenen Regionen des Mittelmeeres mit Dynamit schnelle Beute und schnelles Geld machen wollen. Die Dynamitfischerei ist zwar verboten und gilt unter ehrenhaften Fischern als unredlich, aber noch immer wird diese verheerende Form des Fischens vor der griechischen Küste betrieben, und selbst Mönchsrobben und Delphine gehören zu den Opfern dieser Raubfischerei.
- Große Fangboote mit Schleppnetzen fischen immer mehr Gebiete des Mittelmeeres leer, so daß Mönchsrobben immer weniger Nahrung finden.

Angesichts zunehmender Bedrohungen scheint die Odyssee der Mönchsrobben kein gutes Ende zu nehmen. Nur wenn es gelingt, ungestörte Schutzbereiche einzurichten, in denen die Mönchsrobben tatsächlich vor Verfolgungen sicher sind, haben die „Sirenen" rund zweieinhalb Jahrtausende nach Homer noch eine Überlebenschance.

Der Meeresnationalpark Nördliche Sporaden ist dabei ein ganz wichtiger ökologischer Baustein. Und dieser Bereich birgt nicht nur für die Mönchsrobben, sondern auch für andere Meeresbewohner eine gewisse Überlebensgarantie.

Steckbrief: Die Mittelmeer-Mönchsrobbe (Monachus monachus)
Nach Feststellung der IUCN (International Union for Conservation of Nature) ist die Mittelmeer-Mönchsrobbe eine der zwölf am meisten bedrohten Tierarten der Welt. Zur Biologie der Mönchsrobbe ist nur wenig bekannt. So wird vermutet, daß die Weibchen nur alle zwei Jahre trächtig werden.

Aussehen: von hellgrau bis gräulich, gefleckt, meistens heller Bauch und heller Nacken. Sehr variabel gefärbt

Größe: 2 bis 3,50 Meter

Gewicht: 260 bis 340 Kilogramm

Stimme: heiseres Bellen, auch höhere Töne

Lebenserwartung: 30 Jahre (wegen der vielen Gefahren durch Verfolgung und Umweltverschmutzung wird dieses Alter heute kaum mehr erreicht)

Lebensraum: Meeresgebiete mit ungestörten Sand- und Felsküsten sowie Klippen und Grotten

Fortpflanzung: Paarung meist im Herbst, Tragzeit etwa neun bis zehn Monate, nur ein Junges, selten zwei (bei Geburt knapp ein Meter lang). Das Junge kann von Geburt an schwimmen, ist jedoch trotzdem auf ungestörte Strände und Höhlen angewiesen, wo es von der Mutter gesäugt wird.

Nahrung: Fische, Tintenfische, Krabben und andere Krustentiere

Gefährdung: durch Lebensraumzerstörung, Meeresverschmutzung, direkte Tötung (Fischer) und Störungen (Sporttaucher), indirekte Verfolgung (Touristen, Sporttaucher, Ökotouristen, die Verbotszonen nicht beachten)

Delphine – Elegante und seltene Meeressäuger

Bei Fahrten mit dem Tragflügelboot oder bei einer Tour mit einem kleinen Fischerboot kann man in den Gewässern der Nördlichen Sporaden immer wieder Delphine beobachten. Meist sind es Streifendelphine *(Stenella coeruleoalba)*, die mit den Bugwellen der Schiffe zu spielen scheinen. Nicht so häufig sind der Große Tümmler *(Tursiops tursio)* sowie der Gemeine Delphin *(Delphinus delphis)* anzutreffen.

In der antiken Mythologie galten Delphine als heilige Tiere: so soll der Sänger Arion durch Delphine vor dem Ertrinken gerettet worden sein. Heute haben die Delphine selbst Rettung nötig. Denn außerhalb des Meeresnationalparks besteht die Gefahr, daß die eleganten Tiere in Schleppnetze geraten und erbärmlich ertrinken. Hinzu kommen Gefahren der Meeresverschmutzung und Epidemien, deren Ursachen sicherlich auch in der Vergiftung der Umwelt zu sehen sind. 1991 etwa starben tausende Delphine im Mittelmeer am Morbili-Virus, dem auch unzählige Seehunde in der Nordsee zum Opfer gefallen sind.

Neben den genannten Delphinarten kommen mitunter noch andere Kleinwale sowie Großwale im Bereich der Ägäis vor. Und mit etwas Glück kann man mitunter von weitem sogar kleinere Walschulen ausmachen. Zu den Walen gehören folgende Arten (mit Angabe der Körperlänge ausgewachsener Tiere):

Schnabelwal *(Ziphius cavirostris)*
bis 9 Meter

Schweinswal *(Phocoena phocoena)*
bis 1,8 Meter

Zufällige oder gelegentliche Gäste im Mittelmeer sind :

Pottwal *(Physeter macrocephalus)*
bis 25 Meter

Rundkopfdelphin *(Grampus griseus)*
bis 4 Meter
Grindwal *(Globicephala melaena)*
bis 6 Meter
Schwertwal *(Orcinus orca)*
bis 9 Meter
Finnwal *(Balaenoptera physalus)*
bis 25 Meter

Links: Streifendelphine
Rechts: Große Tümmler

Steckbrief: Streifendelphin (Stenella coeruleoalba)

Kennzeichen: Schlanker Körper mit schmaler, langer Schnauze. Körpergestalt dem Gemeinen Delphin (*Delphinus delphis)* ähnlich. Rücken schwarz, Unterseite weiß. Vom Auge aus verlaufen entlang der Körperseite bis zum schwärzlichen Rumpfende zwei deutlich sichtbare schwarze oder blaue Streifen

Größe: bis 2,5 Meter

Gewicht: bis etwa 70 Kilogramm

Lebensraum: Warme, subtropische und tropische Gewässer, nördlich bis zu den Küsten Großbritanniens, kommt im gesamten Mittelmeer vor

Nahrung: Fische und andere Meerestiere

Lebensweise: Wenig bekannt. Tiere leben gesellig in kleinen Gruppen und können oft auch mit anderen Delphinarten beobachtet werden

Gefährdung: Durch Ertrinken in Treibnetzen und verlorenen Netzen, direkte Verfolgung, da Delphine immer wieder auch Netze zerreißen und deshalb von manchen Fischern getötet werden. Früher wurden in Griechenland Prämien für den Abschuß von Delphinen bezahlt. Außerdem Bedrohung durch Meeresverschmutzung

Bedrohte Seeschildkröten und andere Meeresbewohner

Ebenfalls durch die Schleppnetzfischerei und die Meeresverschmutzung bedroht sind die Seeschildkröten. Überall in den Gewässern der Ägäis ist die Unechte Karettschildkröte *(Caretta caretta)* anzutreffen. Diese seit Urzeiten unsere Erde bewohnenden Tiere sind heute auch durch die touristische Nutzung ihrer Eiablageplätze, die auf der Insel Zakynthos (bedeutendster Eiablageplatz im Mittelmeer), auf dem Peloponnes und auf Kreta liegen, gefährdet. Die Stiftung Europäisches Naturerbe kämpft deshalb gegen einen unkontrollierten Tourismus und setzt sich auf Zakynthos für den Schutz der Meeresschildkröten und der dort lebenden Mönchsrobben ein.

Viel seltener ist in den ägäischen Gewässern die Suppenschildkröte *(Chelonia mydas)*, deren Eiablageplätze zum Teil in der Bucht von Dalyan in der Türkei liegen. Lederschildkröte *(Dermochelys coriacea)* und Echte Karettschildkröte *(Eretmochelys imbricata)* sind in der Ägäis selten anzutreffen.

Die Unechte Karettschildkröte ist die am häufigsten anzutreffende Meeresschildkrötenart im Mittelmeer.

Die letzten Brutplätze der Unechten Karettschildkröte werden durch unkontrollierten Massentourismus gefährdet. Was werden diese gerade geschlüpften Schildkröten antreffen, wenn sie nach Jahren an ihre Nistplätze zurückkehren? Ein Schutzgebiet oder ein Hotel?

Andere Meeresbewohner

Die Meeresfauna der Nördlichen Sporaden ist sehr artenreich; aufgrund des nährstoffarmen und deshalb recht klaren Wassers ist sie individuenarm. Schnorchler (Achtung! Parkbestimmungen beachten!) können eine oft bizarre und den jeweiligen Bedingungen bestens angepaßte Lebenswelt entdekken.

Bewohner sandiger Meeresböden sind etwa das Petermännchen *(Trachinus spec.)*, ein giftiger Fisch, der sich wie der skurril aussehende Himmelsgucker *(Uranoscopus scaber)* im Sand versteckt. Hier leben auch Katzenhai *(Scliorhinus cnicula)*, Glatthai *(Mustelus vulgaris)*, Stechrochen *(Raja stellata* und *Trygon pastinaca)* und Schmetterlingsrochen *(Gymnura altavela)*.

Auch verschiedene Meerbarben, Meerbrassen sowie der Weitäugige Butt *(Botus podas podas)* und der Gestreifte Knurrhahn *(Trigloporus lastoviza)* besiedeln neben zahlreichen anderen Meerestieren diesen Lebensraum. Von den zahlreichen im Meer lebenden Mollusken sei hier die imposante, bis über 80 Zentimeter große Steckmuschel *(Pinna nobilis)* erwähnt. Sie besiedelt ebenso wie ihre kleinere Verwandte vorwiegend Posidoniawiesen und steckt, wie der Name schon sagt, mit den Schalenspitzen im Sandboden.

Im Bereich von Weichböden finden sich Seeteufel *(Lophius piscatorius)*. Dies ist ein bis zu 60 Zentimeter langer Fisch, der im Schlamm lauert und die Beute mit einem bewegten Flossenhautläppchen ähnlich einer Angel anlockt. Hier leben auch verschiedene Hummer- und Langustenarten.

Eine besonders formen- und farbenreiche Lebenswelt findet sich in felsigen Meeresbereichen der Nördlichen Sporaden. Dazu gehören die mit ihrem Biß für Menschen durchaus gefährliche Muräne *(Muraena helena)* und der Zackenbarsch *(Serranus gigans)*, welcher wegen der Verfolgung durch Harpunentaucher recht selten geworden ist. Felsige Bereiche, aber auch Seegraswiesen und Sandböden besiedelt der bis zu einen Meter lange und bis zu zehn Kilogramm schwere Oktopus *(Octopus vulgaris)*, auch Gewöhnlicher Krake genannt.

Schwärme von Mönchsfischen *(Chromis chromis)* durchziehen das Wasser in unmittelbarer Nähe der Felsküsten. Sie teilen ihren Lebensraum neben Meerbrassen und vielen anderen Arten mit dem Seepapagei *(Sparisoma cretense)*, Grundelfischen *(Gobius spec.)*, verschiedenen Schleimfischarten *(Parablennius spec.)*, der Gelbstrieme *(Boops boops)*, einem auf Alonnisos beliebten Speisefisch, und dem Roten Dra-

Rechts: Gestreifter Schleimfisch
Unten: Das gut getarnte Große Petermännchen.

chenkopf *(Scorpaena scrofa)*. Die Giftstacheln des Roten Drachenkopfs können anhaltende, brennende Schmerzen verursachen.

Bewohner des offenen Meeres sind Thunfische, von denen große Schwärme während des Frühjahrs ins Mittelmeer kommen. Die Fischer von Alonnisos machen sich alljährlich zum Thunfischfang zur Halbinsel Chalkidiki auf. Zunehmend werden mit der Leine Schwertfische *(Xiphias gladius)* gefangen, die ebenfalls vom Atlantik zum Ablaichen ins Mittelmeer kommen. Die offene See ist auch Heimat von Sandhai *(Odontaspis ferox)*, Menschenhai *(Carcharodon carcharias)* und Heringshai *(Lamna cornubica)*. Alle drei Arten können dem Menschen gefährlich werden. Weit vom Ufer entfernt ist also Schwimmen und Tauchen immer riskant.

Signalfarben im Meer: Der Seepapageienfisch zählt zu den farbenfrohen Arten.

Die Tierwelt der Inseln

Land-Säugetiere

Die Säugetierfauna der Nördlichen Sporaden ist schon durch die Insellage bedingt relativ artenarm. Neben Mittelmeer-Waldmaus *(Apodemus sylvaticus dichrurus)*, Hausratte *(Rattus rattus)*, Steinmarder *(Martes foina)* und verschiedenen für das Mittelmeergebiet charakteristischen Fledermausarten leben fast auf allen Inseln Wildkaninchen *(Oryctolagus cuniculus)*, die jedoch durch den Menschen auf die Sporaden gebracht wurden.

Seit etwa 1989 leben etwa auf Alonnisos auch Igel, nachdem dort einige Tiere von einem Inselbewohner ausge-

setzt wurden. Mittlerweile haben sich diese Ostigel *(Erinaceus concolor)*, die sich von ihren mitteleuropäischen Verwandten durch eine hellere weiße Kehle und eine weißliche Brust unterscheiden, sehr stark vermehrt und sind – vor allem in der Dämmerung – fast in allen Teilen der Insel anzutreffen.

Wie immer, wenn der Mensch in ein über Jahrtausende entstandenes Naturgefüge eingreift, ist noch nicht abzusehen, wie sich die Anwesenheit dieses Insel-Neubürgers auf die übrige Fauna auswirken wird. Die Igel machen vor den Eiern bodenbrütender Vögel und vor Reptilien sowie deren oft nur gering unter der Erdoberfläche vergrabenen Eiern nicht halt. Da der Igel als Warmblüter auch bei kühlerer Witterung unterwegs ist, gelingt es ihm, noch nicht erwärmte Eidechsen und Schlangen zu erbeuten.

Als Besonderheit der Säugetierfauna der Sporaden galten lange die „Wildziegen“ auf der Insel Jura. Wie jedoch genauere Untersuchungen ergaben, handelt es sich mit ziemlicher Sicherheit um verwilderte Hausziegen. Auch wenn sie trotzdem schützenswert sind, ist ihr Bestand zu hoch und hat erhebliche Auswirkungen auf die Flora der Insel. Dies ist vergleichbar mit den oft zu hohen Rehbeständen in mitteleuropäischen Wäldern. Echte Wildziegen gibt es in Griechenland nur auf Kreta und auf den Kykladen.

Links: Ob die urigen Ziegen auf Jura tatsächliche Wildtiere sind, oder ob es sich letztlich um die Nachkommen verwilderter Haus-Ziegen handelt, ist nicht genau geklärt.
Oben: Kaninchen wurden auf den Nördlichen Sporaden ausgesetzt. Einst waren sie dort nicht heimisch.

Bis etwa 1990 gab es auf der Insel Piperi noch eine an das mediterrane Klima angepaßte, verwilderte – wohl schon in der Antike gezüchtete – Rinderrasse. Da diese Tiere gejagt wurden und es in sehr trockenen Sommern auf der Insel kein Wasser gibt, ist der Bestand mittlerweile erloschen.

Vogelwelt

Zu den bemerkenswertesten Vogelarten auf den Inseln gehören die wendigen Eleonorenfalken *(Falco eleonorae)*. Die Eleonorenfalken brüten an Felsen der Küste, und schon von weitem sind ihre schrillen Rufe zu hören. Oft können bis zu dreißig Falken beobachtet werden, wie sie im Schwarm gemeinsam jagen.

Überall im Park können zur Sommerzeit die wendigen Eleonorenfalken beobachtet werden.

Steckbrief: der Eleonorenfalke (Falco eleonorae)

Aussehen: Schlanker als Wanderfalke

Färbung: zwischen hell und dunkel variierend, zahlreiche Zwischenstadien; selten gleichen sich zwei Vögel völlig. Helle Phase etwa wie Baumfalke, jedoch Oberseite eher graubraun und Unterseite rostbraun. Dunkle Phase schwarzbraun, ähnlich dem Männchen des Rotfußfalken, jedoch gelbe Beine

Größe: 38 Zentimeter

Lebensraum: Bewohnt Felsinseln und brütet an felsigen Steilküsten

Brut: Erst im Spätsommer, wenn die Zugzeit beginnt. Dann werden vor allem ziehende Kleinvögel gejagt, mit denen die Jungfalken gefüttert werden

Überwinterung: auf Madagaskar

Nahrung: Kleinvögel, Insekten, die entlang der Küsten, aber auch über dem offenen Meer gejagt werden

Der seltenste Greifvogel, der im Bereich der Nördlichen Sporaden an den Steilküsten noch brütet, ist der Habichtsadler (*Hieraaetus fasciatus*). Mit viel Glück kann man diesen Vogel, der in Gestalt und Gesichtsausdruck an einen großen Habicht erinnert, auf der Jagd nach Kaninchen beobachten.

Wespenbussarde kann man auf den Nördlichen Sporaden vor allem während des Vogelzugs beobachten.

Der Habichtsadler wurde im Park vor allem auf der Insel Piperi und auf Jura nachgewiesen. Die in Mitteleuropa recht häufigen Mäusebussarde (*Buteo buteo*) und der Turmfalke (*Falco tinnunculus*) sind im Park ebenfalls anzutreffen.

Der Habicht (*Accipiter gentilis*), der Sperber (*Accipiter nisus*) und der Baumfalke (*Falco subbuteo*) können gelegentlich in der Macchie bei der Jagd nach Kleinvögeln beobachtet werden. Ebenfalls zur Vogelwelt der Sporaden gehört der Schlangenadler (*Cireaetus gallicus*). Dieser hat einen runden eulenartigen Kopf und ist, wie der Name schon sagt, auf den Fang von Schlangen spezialisiert, die er mit seinen scharfen Krallen erbeutet. Der Schlangenadler ist ein Zugvogel, der in West- und Nordostafrika überwintert. Der seltene Wanderfalke (*Falco peregrinus*) horstet an den Steilküsten der Inseln. Eulenarten, die man im Bereich der Nördlichen Sporaden antrifft, sind der Steinkauz (*Athene noctua*) und die Zwergohreule (*Otus scops*), die in den Frühjahrsmonaten während der Dämmerung regelmäßig zu hören sind.

Die farbenprächtige Blaumerle, die an steilen Felsbereichen lebt, hat eine Schlange erbeutet. Mit etwas Glück kann man diesen ungeselligen Vogel in den Steilwänden beobachten.

Vögel der Macchie, Phrygana und des Kulturlandes

Folgende Arten wurden als Brutvögel festgestellt: Neuntöter *(Lanius collurio)*, Rotkopfwürger *(Lanius senator)*, Heckensänger *(Cercotrichas galactotes)*, Nachtigall *(Luscinia megarhynchos)*, Olivenspötter *(Hippolais olivetorum)*, Blaßspötter *(Hippolais pallida)*, Grauschnäpper *(Muscicapa striata)*.

Besonders für die unterschiedlichen Grasmückenarten sind die verschiedenen Macchie- und Phryganabereiche ideale Lebensräume. Als Brutvögel wurden gesichtet: Mönchsgrasmücke *(Sylvia atricapilla)*, Orpheusgrasmücke *(Sylvia hortensis)*, Dorngrasmücke *(Sylvia communis)*, Samtkopfgrasmücke *(Sylvia melanocephala)*, Weißbartgrasmücke *(Sylvia cantillans)* und Maskengrasmücke *(Sylvia ruepelli)*.

Berglaubsänger *(Phylloscopus bonelli)*, Kurzzehenlerche *(Calandrella brachydactyla)* und Haubenlerche *(Galerida cristata)* finden wie der Ziegenmelker *(Caprimulgus europaeus)* im Bereich offener, steppenartiger Flächen entsprechende Lebensbedingungen.

Eine ornithologische Kostbarkeit ist die seltene Korallenmöwe.

Weitere Brutvogelarten sind Nebelkrähe *(Corvus corone cornix)*, Kappenammer *(Emberiza melanocephala)*, Zaunammer *(Emberiza cirlus)*, Mittelmeer-Steinschmätzer *(Oenanthe hispanica)*, Haussperling *(Passer domesticus)*, Weidensperling *(Passer d. hispaniolensis)*.

In den Aleppokiefernwäldern lebt auch die Tannenmeise *(Parus ater)*. Von der Forstverwaltung wurden für Jagdzwecke Rebhuhn *(Perdix perdix)* und Fasan *(Phasianus colchicus)* ausgesetzt.

Vögel der Felsen und Steilküsten

Vögel der Felsbereiche und Steilküsten sind neben den Eleonorenfalken auch Mauersegler *(Apus apus)*, Alpensegler *(Apus melba)*, Blaumerle *(Monticola solitarius)* sowie Felsenkleiber *(Sitta neumayer)*, Felsenschwalbe (*Ptyonoprogne rupestris*), Rötelschwalbe *(Cecropis daurica)* und der stattliche Kolkrabe *(Corvus corax)*, dessen tiefen, sonoren Rufe unverkennbar sind.

Vogelwelt zwischen Inseln und Meeresbrandung

Eine ornithologische Besonderheit der Nördlichen Sporaden ist das Vorkommen der seltenen, nur an wenigen Stellen des gesamten Mittelmeerraumes brütenden Korallenmöwe *(Larus audouinii)*. Ihre Brutkolonien befinden sich auf Felseninseln, deren Standorte hier aus Gründen des Artenschutzes nicht angegeben werden können. Bei Bootsfahrten im Meeresnationalpark können mit etwas Glück Korallenmöwen mit dem Fernglas während des Flugs oder auf den Felsen beobachtet werden. Besonders gegen Ende der Brutzeit erscheinen Korallenmöwen, wie die Weißkopfmöwen (Mittelmeer-Silbermöwe), in den kleinen Fischerhäfen.

Steckbrief: die Korallenmöwe (Larus audouinii)

Seltenste Möwe Europas, Nordafrikas und des Mittleren Ostens

Aussehen: Von Sturm- und Silbermöwe (Weißkopfmöwe) durch schmalere Flügel, schwärzlich-grüne Beine und korallenroten Schnabel mit schwarzem Ring zu unterscheiden. Von weitem wirkt der Schnabel schwarz. Kraftvoller, den Tölpeln ähnlicher Flug

Größe: zwischen Sturm- und Silbermöwe, 50 Zentimeter

Lebensraum: Inselbereiche des Mittelmeeres; Brutgebiete sind kleine, flache, steinige Inseln

Fortpflanzung: Wie der Ornithologe W. Makatsch festgestellt hat, brüten Korallenmöwen nicht an gemeinsamen Brutplätzen mit Weißkopfmöwen, sondern strikt getrennt und von diesen offensichtlich respektiert. Brutplatz immer an offenen Stellen und nie unter Büschen. Ziemlich flache Nester. Eiablage Ende April/Anfang Mai. Gelege besteht meist aus 3, seltener aus 2 Eiern. Brut nach Ablage des zweiten Eis. Beide Geschlechter brüten. Brutdauer 21–25 Tage

Auf dem Wasser

Diesmal haben wir für die Bootsexkursion eine recht bewegte See erwischt. Wie eine Nußschale tanzt das Boot auf den Wellen, und es ist schwierig, mit dem Fernglas die verschiedenen Vogelarten, die da draußen meist nahe dem Wasser umherfliegen, zu bestimmen. Schwarzschnabelsturmtaucher *(Puffinus puffinus)* sind darunter und fliegen in Schwärmen scheinbar ziellos umher. Die Vögel sehen aus wie Möwen im Miniformat, nur wirkt ihr Flug viel hektischer. Wie im Formationsflug, mal segelnd, mal flügelschlagend, flach über dem Wasser, drehen sie sich wie auf Kommando von einer Seite auf die andere, um den Wellenkonturen der See zu folgen. Dann lassen sie sich wieder auf dem Wasser nieder, um schon bald wieder zu anderen Stellen zu fliegen. Die Schwarzschnabelsturmtaucher brüten in Höhlen der Felsküsten und geben am

Bei Bootsfahrten im Park zu beobachten: Schwarzschnabelsturmtaucher.

Brutplatz fast schon gespenstische, laut krähende und wimmernde Rufe von sich. Eine ähnliche Verhaltensweise am Brutplatz hat auch der seltenere, etwas größere Gelbschnabelsturmtaucher *(Colonectris diomedea)*. Auch diese Art kann während einer Bootsfahrt zwischen den Inseln beobachtet werden.

Ein seltener Meeresvogel der Nördlichen Sporaden ist die Sturmschwalbe *(Hydrobates pelagicus)*. Häufiger sind dagegen auf dem Wasser fliegende oder schwimmende Kormorane *(Phalacrocorax carbo)* und Krähenscharben *(Phalacrocorax aristotelis)* zu sehen. Die Krähenscharbe ist als „kleine Ausgabe" des Kormorans mehr an das Meer gebunden als der Kormoran und bewohnt Felsküsten, Inseln mit Steilabfällen und von der See ausgewaschene Höhlen. Beide Arten sind im Bereich des Meeresnationalparks häufig zu beobachten.

Zugvögel

Die Nördlichen Sporaden sind nicht nur für eine Vielzahl von Kleinvögeln, wie Grasmücken, Laubsänger und Braunellen, bedeutende ökologische Bausteine im internationalen Verbund der Zugvogelrastplätze, sondern für manche Arten auch Überwinterungsgebiet. So überwintern zahlreiche Exemplare von Zilpzalp *(Phylloscopus collybita)* und Heckenbraunelle *(Prunella modularis)* in diesem Gebiet. Aber nicht nur Kleinvögel nutzen die Inselwelt der Sporaden als ökologische Trittsteine.

Auch Großvögel wie Seidenreiher *(Egretta garzetta)*, Silberreiher *(Casmerodius albus)*, Rallenreiher *(Ardeola ralloides)*, Purpurreiher *(Ardea purpurea)* und Zwergrohrdommel *(Ixobrychus minutus)* werden regelmäßig während der Herbst- und Frühjahrszugzeiten beobachtet. Mit zu den Zuggästen gehören unter anderen Greifvögel wie der Wespenbussard *(Pernis apivorus)*, der Schreiadler *(Aquila pomarina)* und der imposante Seeadler *(Haliaeetus albicilla)*.

Diese Zwergrohrdommel wurde aus dem Hafenbecken von Alonnisos gefischt. Ein Beweis dafür, daß auch zahlreiche Sumpfvögel im Bereich der Inseln Rast machen.

Reptilien

Eidechsen am Falkennest

Die Reptilienarten der Nördlichen Sporaden sind relativ gut erforscht. Schon in den sechziger Jahren untersuchte der Biologe und Vater des Meeresnationalparks Dr. Thomas Schultze-Westrum die verschiedenen Inseln im Hinblick auf ihre Reptilienpopulationen. Dabei konnte er eine eigenartige Lebensgemeinschaft beschreiben. Die im Gebiet vorkommende Kykladen-Eidechse *(Podarcis erhardii)*, auch Ägäische Mauereidechse genannt, lebt stellenweise in Symbiose mit den Eleonorenfalken. So wurde festgestellt, daß Kykladen-Eidechsen während der Brutzeit der Falken oft in großer Anzahl deren Nestumgebung bewohnen. Dort fangen sie die von den Falken und vor allem von deren Futterresten angelockten Fliegen, suchen mitunter die Jungvögel nach Parasiten ab und fressen Futterreste der Vögel. Die Falken werden so von Ungeziefer und verwesenden Futterresten am Brutplatz befreit. Die Eidechsen wiederum haben dadurch eine sichere Nahrungsquelle. Da die Falken unmittelbar am Horstplatz offensichtlich keine Beute schlagen, sind die Eidechsen dort sicher. Dr. Thomas Schultze-Westrum untersuchte auf 54 Inseln der Nördlichen Sporaden und dabei natürlich auch auf kleinsten Eilanden an über 1200 Tieren

die Verwandtschaftsverhältnisse der Kykladen-Eidechse. Diese Art ist eine weitläufige Verwandte der auch in Mitteleuropa beheimateten Mauereidechse *(Podarcis muralis)*. Dabei stellte sich heraus, daß sich zwei Gruppen von Inselpopulationen unterscheiden lassen, nämlich die Rassen *Podarcis erhardii gaigeae* (Populationen der Skyros-Inselgruppe) und *Podarcis erhardii ruthveni* (Populationen der nördlichen Sporaden-Inselkette). Die Kykladen-Eidechse besiedelt auf den Nördlichen Sporaden vor allem felsiges Gelände in Bereichen mit deckender Vegetation. Dabei scheinen Bereiche mit Vorkommen des Mastixstrauches *(Pistacia lentiscus)* bevorzugt zu werden.

Wie außerdem festgestellt wurde, ist die Kykladen-Eidechse der Insel Piperi eine eigene Rasse *(Podarcis erhardii weigandi)*. Die Variabilität der einzelnen Inselpopulationen der Kykladen-Eidechse (die aus nicht bekannten Gründen nicht auf Skiathos vorkommt) deutet darauf hin, daß auf der einen oder anderen Insel neue Rassen im Entstehen begriffen sind. Voraussetzung hierfür ist

Links: Die auf den Inseln des Parks verbreitete Kykladen-Eidechse.
Oben: Smaragdeidechse
Unten: Aus kultivierten Bäumen des mit der Pistazie verwandten Mastixstrauchs wird Klebemittel zum Befestigen von Wundverbänden gewonnen. Man findet diese Pflanze vor allem im Bereich der Macchie.

jedoch, daß die Isolation der Populationen aufrecht erhalten bleibt und der Genpool der einzelnen Populationen nicht durch Verschleppung verändert wird. Daß sich bisher keine weiteren Inselrassen, abgesehen von *Podarcis erhardii weigandi* auf Piperi, ausgebildet haben, liegt daran, daß die Entstehung der Nördlichen Sporaden erdgeschichtlich jung ist und die Inseln auch erst relativ spät isoliert wurden.

Neben der Kykladen-Eidechse lebt, zumindest auf den großen Inseln der Nördlichen Sporaden, noch die Riesen-Smaragdeidechse *(Lacerta trilineata)*. Ihre Lebensräume sind gestrüppreiche, sonnenexponierte und trockene Stellen. Die Tiere können bis zu 45 Zentimeter lang werden. Auch die ähnliche, etwas kleinere Smaragdeidechse *(Lacerta viridis)* wurde in diesem Gebiet beobachtet.

Auf den Dio-Adelphi-Inseln kommen Sandottern vor.

Geckos, Schlangen und Schildkröten

Weitere Reptilien im Bereich der Nördlichen Sporaden sind die Geckos. Der Ägäische Nacktfinger *(Crytodactylus kotschyi)* ist eine Geckoart, deren Zehen nicht wie beim Mauergecko *(Tarentola mauretanica)* mit Haftscheiben ausgestattet sind. Eine weitere Geckoart auf den Nördlichen Sporaden ist der Europäische Halbfinger *(Hemidactylus turcicus)*. Geckos besiedeln Legesteinmauern, Steinhaufen, Gestrüpp sowie die Außenseiten von Häusern mit Natursteinmauerwerk.

Die Schlangenfauna der Nördlichen Sporaden kann je nach Insel variieren. So leben etwa auf den Dio-Adelphi-Inseln relativ viele Sandottern *(Vipera ammodytes)*, eine Art, die in Kärnten und in der Steiermark ihre nördlichste Verbreitungsgrenze erreicht. Auch wenn die Schlangenfauna einzelner Inseln teilweise unerforscht ist, wurden folgende

Arten für die Nördlichen Sporaden nachgewiesen: die bis zu zwei Meter lange Europäische Eidechsennatter *(Malpolon monspessulanus)* sowie Vierstreifennatter *(Elaphe quatuorlineata)*, Leopardnatter *(Elaphe situla)*, Ringelnatter *(Natrix natrix)*, Springnatter *(Coluber jugularis)*, Balkan-Zornnatter *(Coluber gemonensis)* und Europäische Katzennatter *(Telescopus fallax)*. Außerdem findet sich auf den Sporaden die hauptsächlich unterirdisch lebende Wurmschlange *(Typhlops vermicularis)*.

Erstaunlich ist das Vorkommen der Breitrandschildkröte *(Testudo marginata)* auf Kyra Panagia. Das Hauptverbreitungsgebiet dieser Schildkröte liegt auf dem Peloponnes und dem griechischen Festland. Es reicht nördlich bis zum Olymp. Bevorzugt werden von dieser bis zu 30 Zentimeter großen Schildkröte südexponierte und trockene Berghänge. Vielleicht wurden die „Vorfahren" der Population auf Kyra Panagia einst von Seefahrern ausgesetzt.

In einigen Bereichen der Sporaden-Inseln kommt die Breitrandschildkröte vor, deren Hauptverbreitungsgebiete normalerweise auf dem Peloponnes und dem griechischen Festland liegen. Ob es sich um Nachfahren von Exemplaren handelt, die einst hier von Seefahrern ausgesetzt wurden?

Insekten

Über die Insektenwelt der Nördlichen Sporaden liegen noch keine umfassenden Untersuchungen vor. Wegen der Wasserarmut auf den Inseln können hauptsächlich Insekten beobachtet werden, die an die trockenen Verhältnisse angepaßt sind. Vor allem die Blütenvielfalt während des Frühjahrs entlang von Wegen, unter Olivenbäumen und in Obstgärten, in Phrygana- und Macchiebereichen und auf Brachflächen sind eine ideale Lebensgrundlage für viele Schmetterlinge. Aber auch Heuschrekken und Käfer besiedeln solche Bereiche. Zu den auffälligen Faltern gehören Schwalbenschwanz *(Papillio machaon)*, Segelfalter *(Iphiclides podalirius)*, Brauner Bär *(Arctia caja)*, Schwarzer Bär *(Arctia villica)* und verschiedene Schwärmer wie das Taubenschwänzchen *(Macroglossium stellatarum)*, ein Falter, der einem Kolibri gleich vor Blüten „steht" und mit seinem langen Rüssel den Nektar saugt. Hinzu kommen zahlreiche Widderchen, Bläulinge, Dukatenfalter und Scheckenfalter.

Ein oft zu beobachtendes, sehr bemerkenswertes Insekt ist die blauschwarz gefärbte Holzbiene *(Xylocopa violacea)*, mit 21 bis 24 Millimetern Größe eine der größten Wildbienen Europas und eigentlich unverwechselbar. Zahlreiche andere Wildbienen, Feldwespen,

Hornissen, Schwebfliegen und Fliegen bewohnen die vielstrukturierten Trokkenbiotope der Inseln. Zur Insektenfauna der Inseln gehören außerdem die Gottesanbeterin, Ödlandschrecken, Fangschrecken, Nasenschrecken, Laubheuschrecken und zahlreiche andere Heuschreckenarten.

Links: Heuschrecken, wie hier die Schiefkopfschrecke, sind auf den Sporaden häufig anzutreffen.
Oben: Busen-Ragwurz
Rechts: An vielen Wegrändern sieht man die Dornige Bibernelle. Es soll sich dabei um einen Strauch handeln, aus dessen Zweigen die Dornenkrone von Jesus Christus geflochten wurde.

Gefährdung und Schutzmaßnahmen

Das Mittelmeer – Ein geplündertes Meer

Der Meeresnationalpark „Nördliche Sporaden" muß als Mahnung verstanden werden, daß das Mittelmeer nicht zur Müllkippe Europas verkommen darf. Und das Meer ist schon genug geschändet. Da sind zunächst die Probleme der Überfischung. Viele Fische und Krustentiere, die etwa in den Hafenrestaurants von Athen oder Thessaloniki serviert werden, stammen oft gar nicht mehr aus dem Mittelmeer, sondern aus Gewässern vor Neuseeland oder Fernost. Hinzu kommen die immensen Probleme mit der Einleitung von Schadstoffen, die dem Meer zugemutet werden. Über Rhône, Tiber, Po, Axios, Ebro und

Links: Zu Beginn der neunziger Jahre starben viele Streifendelphine im Mittelmeer an einem Virus. Die zunehmende Umweltverschmutzung greift ihr Immunsystem an, was sie anfälliger für Krankheiten macht. Oben: Das Mittelmeer ist überfischt. Viele Fische, die auf Märkten und in Restaurants angeboten werden, stammen schon gar nicht mehr aus Griechenland, sondern aus anderen Ländern.

andere Flüsse werden unvorstellbare Schadstoff-Frachten in Richtung Mittelmeer transportiert.

Es ist geradezu unglaublich, daß es offizielle Ölablaßgebiete im Mittelmeer gibt. Dies sind Bereiche, in denen Schiffe ihre Öltanks reinigen und das Öl-Wasser-Gemisch in die See abpumpen dürfen. Darüber hinaus führen Tankerhavarien, Küstenverbauung, ungelenkter Tourismus und viele andere Faktoren zur immer weiteren Zerstörung der „Wiege der Kultur“ in Europa. Hinzu kommt eine immer stärkere Überdüngung. Ja, in den meisten Bereichen der Mittelmeer-Anrainerstaaten gibt es noch nicht einmal Kläranlagen. Ist der Umgang mit der Natur nicht auch davon abhängig, was wir uns selbst wert sind? Wir verschmutzen das Meer und wollen trotzdem Meeresfrüchte wie Langusten, Krabben, Muscheln, Austern, Tintenfische und vielerlei Fischarten als Delikatessen herausholen. Das kann nicht mehr lange gutgehen.

Noch sind im Bereich der Nördlichen Sporaden die Gewässer recht sauber. Umweltverschmutzung kennt jedoch keine Grenzen, und weil auch das Wasser bekanntlich keine Grenzen kennt, ist der Meeresnationalpark nach außen offen und dabei in vielerlei Hinsicht verletzlich. Eine isolierte „heile Welt“ kann es nicht geben, weshalb alle Besucher dieser Region durch direkte Ansprache von Bundestags- und Europaabgeordneten ihrer Heimat dazu beitragen sollten, ein rascheres Handeln für den Schutz des Mittelmeeres auf europäischer Ebene in Gang zu bringen.

Das Problem der Waldbrände

Immer wieder sind vor allem in den Frühjahr- und Sommermonaten auf den Sporadeninseln schwarz verkohlte Flächen zu sehen. Dann ist wieder einmal Wald- oder Buschgelände den Flammen zum Opfer gefallen. Nur in den seltensten Fällen handelt es sich um natürlich entstandene Waldbrände.

Die sommerlichen Feuer haben in ganz Südeuropa in erschreckendem Maße zugenommen. Allein Anfang August 1993 wurden in Griechenland über 50 Waldbrände registriert. Dabei brannte es bereits 1988 auch im Gebiet des als Nationalpark geschützten Olymp ebenso wie im Umfeld des Nationalparks Prespa und Parnassos. Im Sommer 1989 und 1992 wurde die einst grüne Insel Thassos durch Feuer zu fast 50 Prozent in eine Totenlandschaft verwandelt. Wenn die Entwicklung so weitergeht, werden bald die letzten Wälder als Naturschätze Griechenlands verloren sein. Naturschützer beklagen schon seit einigen Jahren die dramatische Zunahme der Waldbrände in Griechenland. Jedes Jahr werden dort durchschnittlich 380 Quadratkilometer Waldfläche durch Brände vernichtet.

Während noch im Jahre 1821 rund 48 Prozent der Landesfläche mit unterschiedlichen Waldtypen bewachsen waren, gehört Griechenland heute mit zu den waldärmsten Ländern Europas. Was von den Rodungsaktionen der Griechen, Römer und Byzantiner in der Antike übrigblieb, scheint jetzt in kürzester Zeit vollends vernichtet zu werden. Als Ursachen der Brände werden von griechischen Forstexperten verschiedene Gründe genannt: 46 Prozent der Waldbrände gehen danach auf Fahrlässigkeit, 28 Prozent aber auf Brandstiftung zurück, während Blitzschlag nur für zwei Prozent der Forstfeuer ausschlaggebend ist. 24 Prozent der Waldbrände werden unbekannten Ursachen zugerechnet. Be-

In jedem Sommer bedrohen Waldbrände immer wieder die Natur in Griechenland.

zeichnend ist, daß Waldbrände in Jahren politischer Instabilität sowie im Vorfeld von Wahlen zunehmen, da sich in diesen Zeiten Bauspekulanten Vorteile für ihre Geschäfte erhoffen. Mit den Feuern gehen unersetzliche Rast-, Nahrungs- und Überwinterungsgebiete für Millionen von Kleinvögeln verloren, die auf Wald- und Macchia-Gebiete während des Herbst- und Frühjahrszuges im östlichen Mittelmeerraum angewiesen sind. So gilt Griechenland zum Beispiel als Hauptdurchzugsgebiet für Sperber- und Klappergrasmücken, Schwarzstirnwürger, Pirol und Neuntöter.

Oben: Leider werden viele Waldbrände noch immer von Menschen gelegt. Unten: Verbrennen Busch- und Waldbereiche, so verlieren viele Kleinvögel, wie etwa die Mönchsgrasmücke, ihren Lebensraum und Rastplatz.

Überall brennen die Wälder

Griechenland ist keine Ausnahme. Brennende Wälder gehören schon fest zum traurigen Bild der Sommerzeit in den Mittelmeerländern. In vielen Gegenden Spaniens, Portugals, Südfrankreichs, auf Korsika, Sardinien, auf Sizilien, in Süditalien und in anderen Bal-

Auf die dünne Humusdecke folgt Gestein. Die Bodenbildung geht im Mittelmeerraum sehr langsam vor sich. Ist die Vegetation einmal zerstört, arbeitet die Erosion schnell, und es bleibt nur der nackte Fels zurück.

kanländern sind die Waldbestände durch die alljährlichen Großfeuer in Gefahr. Mit den mediterranen Hartlaubwäldern und anderen Waldtypen geht eine international bedeutsame ökologische Nahtstelle für viele Zugvogelarten zwischen deren Brutgebieten in Nord-, Ost-, West- und Mitteleuropa und den Rast- und Überwinterungsflächen in Südeuropa, Nord- und Zentralafrika verloren. Werden die weiteren Zerstörungen dieser Wälder nicht durch regionale und internationale Schutzmaßnahmen gestoppt, wird es schon in wenigen Jahrzehnten viele Zugvogelarten Europas nicht mehr geben. Die Gründe, warum Waldbrände überhaupt entstehen, haben in den verschiedenen Regionen unterschiedliche Ursachen:

– Wo Weidewirtschaft betrieben wird, brennen Hirten Wälder und Gebüschzonen ab, um neue Flächen für ihre Schaf- und Ziegenherden zu erhalten. Vor allem in Griechenland ist das sehr oft der Fall.

– Oft werden Feuer gelegt, um mit der Zerstörung der Wälder Flächen für die Bodenspekulation und die anschließende Bebauung zu gewinnen.

– In Wäldern, in denen Weideverbote bestehen, legen Hirten oft aus Protest gegen diese Reglementierungen Feuer.

– Jagdfrevler legen Waldbrände aus Rache gegen staatliche Reglementierungen der Jagd.

– Durch weggeworfene Blechbüchsen und Flaschen entstehen in den trokkenen Wäldern häufig unbeabsichtigte Brände.

– Große Monokulturen, wie Kiefern- oder Eukalyptuspflanzungen auf riesigen Flächen, begünstigen Waldbrände.

– Die Erschließung der Wälder mit neuen Wegen ermöglicht den Zugang zu vorher abgelegenen Gebieten und erhöht somit die Gefahrenquellen für den Wald.

– Beim Abbrennen abgeernteter Getreidefelder greift das Feuer häufig auf Wälder über.

– Brennen Flächen, die zum Beispiel mit Kiefern oder anderen nicht landschafts- und standortgerechten Baumarten aufgeforstet worden sind, so entwickelt sich eine sehr große Hitze. Als Folge werden nicht nur die Bäume selbst, sondern auch

die meisten Pflanzensamen abgetötet, so daß die betroffenen Flächen über Jahre hinweg ohne Vegetation bleiben. Es folgt eine starke Bodenerosion, oft tritt das nackte Gestein zutage, so daß kein Wald mehr nachwachsen kann.

Die Rufe der Zwergohreule sind noch häufig in Griechenland zu vernehmen.

Eine Zukunft für die Mittelmeerwälder

Das Problem der Waldbrände in Griechenland und im übrigen Mittelmeerraum läßt sich nur dann entschärfen, wenn vorbeugend etwas getan wird. Hierzu gehören die nachfolgenden Schutzmaßnahmen:

- Erhaltung und Aufbau naturnaher Wälder mit den jeweils einheimischen Gehölzarten.
- Eine umsichtige und nachhaltige Weidepolitik, damit Hirten die Wälder nicht abbrennen.
- Reduzierung der Anzahl von Weidetieren (insbesondere der Ziegenbestände in Griechenland).
- Eine verstärkte Kontrolle der Jagd, damit Jagd- und Forstfrevel verhindert werden kann.
- Änderung der Waldgesetze in vielen Ländern, damit Spekulanten nach dem Abbrennen eines Waldgebietes nicht damit rechnen können, Baugenehmigungen zu erhalten.
- Verhinderung unkontrollierter und nicht gestatteter Müllablagerungen in Wiesen, an Waldrändern usw.
- Anlage nur absolut notwendiger Waldwege; Kontrolle des Verkehrs auf bereits bestehenden Wegen; Rückbau von Übererschließung.

Links: Gibt man dem Wald eine Chance, können sich, wie hier auf Alonnisos, auch wieder baumhohe Bestände der Kermeseiche entwickeln.
Oben: Ein großes Problem in ganz Griechenland: Unzählige Ziegen fressen die Natur kahl. Die Chance auf Wiederbewaldung schwindet. Dies alles nur, weil seitens der Europäischen Union noch immer Subventionen fehlgeleitet werden.

- Verhinderung des schnellen Profits, der mit der ungehinderten Vermarktung von Brandholz erzielt wird.
- Ausweisung und Betreuung neuer Schutzgebiete.
- Aufbau eines Biotop-Managements in gefährdeten Waldbereichen mit ausreichender personeller und technischer Ausstattung, bessere Überwachung und Betreuung der Waldgebiete.

Da es bei der Erhaltung der mediterranen Wälder um die Bewahrung eines bedeutenden Teils des europäischen Naturerbes geht, sollte für den Mittelmeerraum neben einem Feuerwarnsystem eine „internationale Feuerpolizei" eingerichtet werden. Nur wenn künftig grenzüberschreitend mit einer ausreichenden Zahl von Löschflugzeugen die Brände intensiv bekämpft werden können, haben die „grünen Gürtel" Südeuropas und mit ihnen Millionen von Kleinvögeln noch eine Zukunft. Bei der Lösung solcher internationaler Aufgaben wird es sich zeigen, ob die Wirtschaftsgemeinschaft Europa es schafft, endlich auch zu einer Umweltgemeinschaft zu werden.

Keimende Hoffnung

Nachdem vor einigen Jahren große Waldflächen auf Alonnisos durch Waldbrände vernichtet und andere Bereiche abgeholzt wurden, wächst jetzt im Norden und Osten der Insel wieder ein Sekundärwald heran. Mit der ursprünglichen Vegetation ist dieser Wald nicht vergleichbar, dennoch besteht Hoffnung, daß diese Insel in wenigen Jahren wieder zum großen Teil von einem naturnahen Waldmantel bedeckt sein wird. Vor allem das Verbot der Beweidung auf verschiedenen Flächen kommt der Wiederbewaldung und damit auch der künftigen Lebensqualität der Inselbewohner und dem Erholungs- und Urlaubswert für die Besucher zustatten.

Wo der Wald in Ziegenmägen verschwindet – Überweidung

Viele Bereiche des Meeresnationalparks „Nördliche Sporaden" zeigen sich, wie überhaupt viele Teile Griechenlands, nur von schütterer Vegetation bedeckt. Das war nicht immer so: Abertausende von Ziegenmäulern verhindern heute in solchen Gebieten, daß die Natur zurückkehrt. Große, oft mehrere hundert Tiere zählende Ziegenherden werden von ihren Hirten umhergetrieben, stets auf der Suche nach freßbarem Grün.

Wo immer sich ein Zweig dazu anschickt, sich zu einem jungen Strauch oder Baum zu entwickeln, findet sich früher oder später eine Ziege ein, die mit gezieltem Biß dem Ansatz der Wiederbewaldung ein schnelles Ende bereitet. Mit dem jungen Trieb verschwindet aber auch jegliche Hoffnung auf die Rückkehr der einst vielfältigen Vegetation. So wurde lange auch auf der Insel Kyra Panagia von einem Pächter, der überhaupt nicht auf den Sporaden wohnt, eine große Ziegenherde gehalten. Eigentlich praktisch, denn von einer Insel können die Ziegen ja nicht weglaufen. Dafür machte sich die Natur aus dem Staub.

Dabei wäre für die Menschen, die in dieser Region leben, eine Wiederbewaldung der vielfach nicht ackerbaulich nutzbaren Inselbereiche von großer Bedeutung. Wald und andere Gehölzvegetation sorgen nämlich für mehr Feuchtigkeit, und mehr Feuchtigkeit bewirkt eine Verbesserung der klimatischen Situation. Doch unzählige Ziegen fressen unter der sengenden oder untergehenden Sonne unaufhörlich weiter. Und wo sich neues Grün zum Himmel reckt, sind sie mit ihren Hirten sogleich zur Stelle.

Nicht die Ziegen an sich sind der eigentliche Skandal, sondern die Tatsache, daß es so viele davon gibt. Und dafür gibt es einen ganz einfachen und doch völlig unglaublichen Grund: Pro Tier und Jahr bezahlt die Europäische Union in Brüssel 2000 Drachmen, das sind rund 20 DM. Allein schon die Haltung von Schafen und Ziegen bringt also den Besitzern Geld. Würden nun ausschließlich Kleinbauern durch dieses Programm berücksichtigt, wäre das nicht weiter schlimm. Viele Menschen in abgelegenen Gebieten Griechenlands kön-

Eine von Ziegen zerfressene Kermeseiche.

Für die Neuntöter – die in einem Schleifenzug nach Afrika über den gesamten Balkan hinwegziehen – sind im Bereich der Nördlichen Sporaden wichtige Rastplätze.

nen solche Unterstützung dringend gebrauchen. Der Brüsseler Geldsegen aber wird im Gießkannenverfahren vergeben. Jeder, der Ziegen besitzt und damit landwirtschaftliche Tätigkeit nachweisen kann, auch wenn er sonst als Regierungsbeamter, Banker oder in anderen Berufen tätig ist, kann am Geldsegen teilhaben.

Nun sind 20 Mark pro Tier nicht gerade eine große Summe. Wer aber etwa 1000 Ziegen besitzt, streicht so im Vorbeigehen ohne große Mühen 20 000 DM ein. Ohne Arbeit. Denn Hirten, die auf die Tiere aufpassen, gibt es ohnehin ganz billig. Lohnkosten fallen praktisch nicht an. Übrigens: Die Ziegen fressen meistens auf öffentlichem Land. Futterkosten entstehen also kaum. Werden die somit fast zum Nulltarif gehaltenen Tiere geschlachtet, ist der Fleischverkauf für die ohnehin reichen Besitzer nochmals ein dickes Geschäft.

Fast alle Ziegen in der Umgebung von Athen etwa gehören ein paar wenigen reichen Familien. Die wenigsten Tiere werden von Kleinbauern gehalten. Die reichen Pseudo-Bauern werden mit Hilfe ihrer übergroßen und für die Landschaft ganz und gar nicht verträglichen Tierherden immer reicher: auf Kosten der Steuerzahler in der Europäischen Union, auf Kosten einer der kulturträchtigsten Regionen Europas und auf Kosten der Umwelt- und Lebensqualität. Ja, auf Kosten aller Europäer, denen durch die unsinnige Subventionspraxis einer aufgeblähten Agrarbürokratie in Brüssel und einer noch viel weniger durchschaubaren Bürokratie Griechenlands ein Stück Naturerbe vorenthalten wird.

Fazit: Die Europäische Gemeinschaft sorgt mit ihrer Subventionspraxis für Ziegenhaltung dafür, daß große Teile Griechenlands ebenso wie andere Regionen Europas weiterhin kahl bleiben.

Was sich ändern muß – Ansätze zu einer anderen Weide-Politk

- Das Verteilen von Subventionen nach dem Gießkannenprinzip muß gestoppt werden; Fördermaßnahmen der Europäischen Union wie auch einzelner Länder müssen auf ihre Umwelt- und Sozialverträglichkeit hin überprüft werden.
- Nur eine den Bodenverhältnissen angepaßte Weidewirtschaft darf zugelassen werden.
- Es kann nicht angehen, daß zugunsten einzelner letztlich das Erscheinungsbild ganzer Landschaften negativ beeinflußt und die ökologische Substanz vernichtet wird.
- Die Stiftung Europäisches Naturerbe setzt sich zusammen mit ihren Partnern auch im Bereich der Nördlichen Sporaden für eine Reduzierung der Ziegenbestände auf ökologisch besonders wichtigen Inseln ein.

Eine sinnvolle Alternative dazu ist eine den jeweiligen Verhältnissen angepaßte Bewirtschaftungsweise etwa mit alten Sorten von Oliven, reduzierten Tierbeständen und der Einbindung in einen umweltverträglichen Tourismus.

Für Trauerschnäpper sind die Nördlichen Sporaden wichtiges Durchzugsgebiet.

Langer Atem und Geduld – die Schaffung des Meeresnationalparks

Es war in den fünfziger Jahren, als Thomas Schultze-Westrum als Biologiestudent erstmals die Nördlichen Sporaden besuchte, um für das Museum König in Bonn die Eidechsenfauna zu erforschen. Bis in diese Zeit reicht seine lange Freundschaft mit den Fischern von Alonnisos zurück, insbesondere mit Jannis Florus, mit dem zusammen er schließlich die Schaffung des heutigen Meeresnationalparks anregte.

Schultze-Westrum schmerzte es schon früh, daß es damals unter den Fischern üblich war, Mönchsrobben zu töten, weil sie mitunter Fischernetze plünderten und als Nahrungskonkurrenten des Menschen angesehen wurden.

Auf Alonnisos leben viele Familien von der traditionellen Fischerei.

In einer Deklaration verpflichteten sich die Fischer von Alonnisos, die Mönchsrobbe zu schützen.

Ein illegal fischendes Gri-Gri-Boot vor der Küste Chalkidikis. Die ausbeuterische Gri-Gri-Fischerei ist der größte Feind der Fischer von Alonnisos und der Mönchsrobben.

Mitte der siebziger Jahre begann dann die Idee zur Einrichtung eines Meeresnationalparks unter Einbeziehung der Fischer Gestalt anzunehmen. Thomas Schultze-Westrum und die Fischer machten dem griechischen Umweltministerium den Vorschlag, nicht nur die Mönchsrobben und den marinen Lebensraum zu schützen, sondern auch die seltene Flora und Fauna und die kulturhistorischen Schätze der Inselwelt. Ein wichtiges Ziel war dabei, daß die traditionelle Bewirtschaftung der Inseln im Einklang mit der Natur und Kultur beibehalten werden sollte.

Revolutionär war vor allem die Idee, wie die Mönchsrobben im Park geschützt werden können. Da die Fischer traditionell die „Hauptfeinde" der Mönchsrobben waren, mußte ein kontrollierbarer „Waffenstillstand" erreicht werden. Klar war von Beginn an, daß Ausgleichszahlungen für die von Robben verursachten Schäden unrealistisch sein würden, und so mußte eine Form der indirekten Entschädigung gefunden werden. Bei genauer Überlegung war nämlich auch den Fischern klar, daß nicht die Robben für den dramatischen Rückgang der Fischbestände verantwortlich zu machen waren, sondern die „Gri-Gri-Boote", die von außerhalb zu den Sporaden kamen und in der Nacht mit Lampen und großen Kreisschließnetzen das Gebiet leerfischten. Durch diese Art des Fischens wird meist auch die junge Fischbrut zerstört.

Ziel war es also, diese Art des Fischens zu verbieten und den Fischern von Alonnisos Fangprivilegien und damit eine indirekte Entschädigung für mögliche Schäden durch die Mönchsrobben zu gewähren. Außerdem sollten gleichzeitig illegale Fischereimethoden wie das Dynamitfischen und das Harpunenfischen von Touristen stärker bekämpft werden. Doch bis zur Verwirklichung dieser konstruktiven Ideen sollte es noch ein weiter Weg sein. Mit seinem ZDF-Fernsehfilm „Küste der Mönchsrobben“, der inzwischen in über 30 Ländern gezeigt wurde, gewann Schultze-Westrum für seine Vorstellungen das öffentliche Interesse. 1982 verhalf er zusammen mit der *Fauna & Flora Preservation Society* den Fischern von Alonnisos zu einer Eismaschine, mit der eine bessere Lagerung der Fische ermöglicht wurde, und legte so eine ökonomische Basis für ökologische Ideen. Die Fischer selbst haben sich danach in einer Kooperative organisiert und sich in einer Deklaration verpflichtet, Mönchsrobben nicht mehr zu töten. Gleichzeitig wurde massiv die Einrichtung eines Schutzgebietes gefordert.

Nach langwieriger Überzeugungsarbeit wurde 1986 eine vorübergehende Schutzzone eingerichtet, die eine Größe von 23.000 Hektar hat und aus sieben großen sowie 24 kleineren Inseln besteht. Den Gri-Gri-Booten wurde das Fischen in dieser Zone untersagt. Zwei Jahre später gab es jedoch herbe Rückschläge. So hatte die griechische Regierung die Zahlungen an die Wärter der Schutzzone eingestellt. Mit dem Bau einer teuren, aber nutzlosen sogenannten „Biologischen Station“ in der Bucht von Gerakas auf Alonnisos wurde die Idee

Die sogenannte Biologische Station, die als Geisterhaus die verfehlte EU-Politik symbolisiert.

Nur eine wirksame Überwachung durch die Hafenpolizei kann illegale Aktivitäten im Meeresnationalpark verhindern.

des Parks geradezu pervertiert. Die Station wurde ausgerechnet mit Geldern des MEDSPA-Programms der Europäischen Gemeinschaft, einem Programm, das eigentlich vorbildliche Umweltprojekte im Mittelmeer fördern sollte, finanziert.

Bis 1991 existierte schließlich die vorübergehende Parkverordnung, danach drohte dem Schutzgebiet das Aus. Durch eine breit angelegte Kampagne von EURONATUR und anderer Naturschutzorganisationen gelang es nach langem Hin und Her, doch noch zu erreichen, daß schließlich eine langfristige Nationalparkverordnung erlassen wurde. Diese Verordnung hat zwar noch immer manche Mängel, doch bemüht sich EURONATUR zusammen mit dem *Ecological and Cultural Movement of Alonnisos* und mit fachlicher Unterstützung von Thomas Schultze-Westrum, daß diese Mängel beim Erlaß einer Verordnung für das Park-Management behoben werden.

Mittlerweile wurden ein Polizist für die Überwachung des Parks abgestellt und die Hafenpolizei von Alonnisos mit zwei Schnellbooten ausgerüstet, die von dem griechischen Reeder Livanos gespendet wurden. EURONATUR und das *Ecological and Cultural Movement of Alonnisos* arbeiten jetzt daran, das Park-Management zu unterstützen, wissenschaftliche Daten zu sammeln und Konzepte der Tourismuslenkung umzusetzen. Gleichzeitig werden Hotel- und Gaststättenbesitzer beraten und Initiativen zur frühzeitigen Umwelterziehung Heranwachsender umgesetzt.

Das Naturschutz-Modellprojekt von EURONATUR

„Naturschutz mit und nicht gegen die Menschen“ lautet das Motto von EURONATUR und der verschiedenen Partnerorganisationen beim Engagement auf den Nördlichen Sporaden. Die wichtigsten Ziele des Projektes:

- Schutz eines der ökologisch und kulturell bedeutendsten Gebiete des Mittelmeeres.
- Schutz von Mönchsrobben, Delphinen, Walen und anderer gefährdeter Meeresbewohner.
- Betrieb eines Naturschutz-Informationszentrums als Anlaufstelle für naturinteressierte Touristen und für die praktische Naturschutzarbeit im Meeresnationalpark.
- Beratung von Regierungsstellen, Hotel- und Gaststättenbesitzern zu verschiedenen Umwelt- und Naturschutzthemen.
- Kontakte und Beratungen mit der Europäischen Union, der griechischen Regierung, Universitäten und anderen Umweltorganisationen über den Schutz der Mönchsrobbe und mariner Lebensräume.
- Aktionen gegen illegale Fischereiaktivitäten im Mittelmeer, internationale umweltpolitische Lobbyarbeit. Kampf für das Verbot der

Treibnetzfischerei im gesamten Mittelmeer und anderswo.

- Moderne Technik als ökonomische Basis für ökologische Ziele (zum Beispiel Modell-Solaranlage auf dem „Paradise-Hotel" in Patitiri, Alonnisos).
- Unterstützung wissenschaftlicher Arbeiten zu Fauna, Flora, Lebensräumen und Kultur der Inseln.
- Entwicklung eines sanften, naturverträglichen Tourismus zum Beispiel durch die Anlage eines Wanderwegenetzes auf Alonnisos (Ecological Hiking Trails) oder die Teilnahme am Eco-islands Projekt von EURONATUR.
- Vermittlung von Know-how und Management beim Aufbau eines modernen Naturschutzes und bei der Betreuung von Schutzgebieten.
- Umwelterziehung und Umweltbildung für die Bewohner im Nationalpark und für Besucher.
- Wissenschaftlicher Erfahrungsaustausch durch Modellseminare.
- Breite regionale und internationale Öffentlichkeitsarbeit.
- Erstellung einer Unterrichtseinheit über die Mönchsrobbe und den Schutz des Mittelmeeres für griechische Schulen. Die Kinder werden die Naturschützer von morgen sein.

Daß die Arbeit von EURONATUR anlaufen konnte, ist neben der langjährigen Vorarbeit durch Dr. Schultze-Westrum und dem Einsatz ehrenamtlicher Kräfte vor allem zahlreichen Einzelspendern und der Daimler-Benz AG zu verdanken. Diese hat auch das Zustandekommen dieses Natur-Reiseführers durch einen Zuschuß ermöglicht.

Links: Bootstouren vermitteln nicht nur ein besonderes Erlebnis im Meeresnationalpark, sondern sie sind auch ein wenig ökonomische Basis zur Sicherung der Ökologie.
Oben: Die malerischen Küsten der Nördlichen Sporaden müssen für Mensch und Natur erhalten werden.

Reise-informationen

Auf den Spuren von Odysseus und Xerxes

Angefangen vom sagenumwobenen Odysseus in den Erzählungen Homers bis hin zum Perserkönig Xerxes, der vor rund zweieinhalbtausend Jahren vergeblich versuchte, Griechenland zu erobern: Ihre Wege führten wie auch die vieler anderer berühmter Gestalten der Geschichte in die Inselwelt der Ägäis. Auch wenn längst moderne Tragflügelboote und Fähren die viel romantischeren Segelschiffe ersetzen und Flugzeuge die

Links: Das Kirchlein Agia Anargiri ist ein Kleinod auf Alonnisos.
Oben: Glitzerndes Meer im Abendlicht. Einladung zum Träumen und Verweilen, um anschließend in einer typischen Taverne von Alon-nisos frischen Fisch bei einem guten Glas Wein zu genießen.

Reisewege ganz „unromantisch" auf wenige Stunden verkürzen, ist im Bereich der Nördlichen Sporaden für den mit allen Sinnen Reisenden noch immer die uralte Verbindung von Kultur und Natur zu erleben.

Lange hat die Stiftung Europäisches Naturerbe zusammen mit ihren griechischen Partnern für die Einrichtung des Meeresnationalparks Nördliche Sporaden gekämpft. Mit der gesetzlichen Einrichtung des Parks wurde ein erster, bedeutender ökologischer Baustein für die langfristige Bewahrung dieser einzigartigen Region geschaffen. Jetzt gilt es, durch einen naturschonenden Tourismus auch ökonomische Anreize für die ökologischen Ziele zu bieten. Jeder einzelne Besucher ist dabei ein wichtiger Partner.

Die Inselgruppe der Nördlichen Sporaden in der Ägäis

Sie besteht aus den bewohnten und touristisch entwickelten Inseln Skiathos, Skopelos, Skyros sowie Alonnisos und den Verlassenen Inseln. Zum Meeresnationalpark Nördliche Sporaden gehört als einzige ständig bewohnte Insel Alonnisos, die so etwas wie das „Tor zum Meeresnationalpark" ist. Und als solches soll die Insel künftig auch in die weitere Entwicklung des marinen Parks integriert werden. Die Verlassenen Inseln Kyra Panagia, Skantzoura, Jura, Psathoura, Piperi und verschiedene kleinere Inseln liegen in der A-Zone des Parks, wo strenge Schutzvorschriften gelten und nur ausgewählte, aber lohnende Ziele besucht werden dürfen. Die Insel Piperi ist Kernzone des Parks und darf weder betreten werden noch ist es erlaubt, daß sich Schiffe (auch kleinere Boote) der Insel weniger als drei Meilen nähern.

Das wichtigste Schutzziel des Parks ist es, die vom Aussterben bedrohte Mittelmeer-Mönchsrobbe zu schützen. Schließlich sollen die einmalige Landschaft, der marine Lebensraum, seltene Vogelarten, endemische Pflanzenarten und archäologische und kulturelle Monumente durch den Park behütet werden. Der Nationalpark (Zone A) gehört zu den wenigen Gebieten im Mittelmeerraum, die bisher nicht einer unkontrollierten touristischen Entwicklung zum Opfer gefallen sind. Nur deshalb konnte sich ein einmaliges Naturerbe erhalten.

Schon 1986 wurde auf Initiative von Dr. Thomas Schultze-Westrum, der Stiftung Europäisches Naturerbe und aufgeschlossener griechischer Fischer, Naturschützer und Verantwortlicher in den Behörden eine Schutzzone für die Mönchsrobben eingerichtet. Nach langem Tauziehen gelang es dann 1992, das Gebiet aus Inseln und Wasser zum ersten Meeresnationalpark Griechenlands zu erklären.

Die Überwachung des Parks funktioniert mittlerweile sehr gut und wird mit zwei Schnellbooten von der Hafenpolizei in Alonnisos durchgeführt. Jetzt muß als nächstes Ziel eine entsprechende Parkverwaltung („Management-Body") eingerichtet und aufgebaut werden.

Mit der Einrichtung eines Naturschutz-Informationszentrums von EURONATUR in Zusammenarbeit mit dem *„Ecological and Cultural Movement of Alonnisos"* und der Unterstützung der Daimler-Benz AG sowie zahlreicher Spender wurde ein erster Grundstein zur Förderung eines naturverträglichen Tourismus im Nationalpark gelegt. Exkursionsseminare zum Thema naturverträglicher Tourismus haben Fachleute aus unterschiedlichen europäischen Regionen zusammengebracht und einen regen Erfahrungsaustausch ermöglicht. Und die Eigentümer von Hotels und Pensionen beginnen umzudenken und streben eine umweltverträglichere Betriebsführung an.

Rochen sind typische Meeresbewohner der Sandküsten.

Beispiele geben

In Zusammenarbeit mit dem Institut für Agrartechnik in den Tropen und Subtropen der Universität Stuttgart-Hohenheim konnte EURONATUR auch ein praktisches Beispiel für die Verbindung von moderner Technik und umweltschonendem Tourismus geben. Auf dem Dach des „Paradise-Hotels“ oberhalb des kleinen Hafens von Alonnisos wurde eine Modell-Solaranlage installiert, mit deren Hilfe die unerschöpfliche regenerative Energie der Sonne eingefangen und das gesamte Wasser des 70-Betten-Hotels erwärmt wird.

Das neuentwickelte Kollektorsystem hat bei gleich hoher Effizienz wie herkömmliche Anlagen einen wesentlich geringeren Installations-, Verrohrungs- und Wartungsaufwand. Mit der Einführung eines Zweikreissystems konnte der Wärmeüberträger extern angeordnet werden. Und durch den Einsatz von alterungsbeständigen Folienmaterialien für Absorber, Speicher und Abdeckung konnten die Kollektorsysteme anders als bei herkömlichen Anlagen viel großflächiger aufgebaut werden. Gleichzeitig war es möglich, die Kollektorkosten dank der geringeren Materialpreise und des Verzichts auf aufwendige Fertigungsverfahren stark zu reduzieren. Der modulare Aufbau der Grundkonstruktion ermöglicht, daß die Kollektoren in nahezu unbegrenzten Abmessungen gebaut und so optimal jeder Flachdachform angepaßt werden können. Solche Kollektorsysteme eignen sich sowohl zur Brauchwasservorwärmung von Hotels und in kommunalen Gebäuden als auch zur Bereitstellung der Wärmeenergie für thermische Prozesse wie etwa die solare Meerwasserentsalzung oder solarthermische Pumpen. Die Wärmeabgabe erfolgt über einen effizienten Plattenwärmeüberträger.

Die Modellanlage auf Alonnisos soll ein Beitrag des Instituts für Agrartechnik in den Tropen und Subtropen der Universität Hohenheim und von EURONATUR sein, um moderner Solartechnik im Mittelmeerraum noch stärker zum Durchbruch zu verhelfen.

Die Modell-Solaranlage auf dem Dach des „Paradise-Hotels“ auf Alonnisos.

Das Fischerdorf Steni Vala auf Alonnisos liegt in einer malerischen Bucht.

Alonnisos

Alonnisos eignet sich vor allem als Urlaubsziel für Menschen, die Ruhe, Erholung und eine schöne Landschaft suchen. Tierbeobachtungen sind nicht so einfach möglich wie etwa in der spanischen Extremadura oder im griechischen Nestos-Delta, und man darf auch nicht erwarten, die seltene Mönchsrobbe zu Gesicht zu bekommen, die in den am strengsten geschützten Zonen des Parks lebt.

Ohne Probleme ist es jedoch möglich, die wendigen Eleonorenfalken, Eidechsen, Schwarzschnabelsturmtaucher, Krähenscharben und mit etwas Glück Korallenmöwen oder die verspielten Delphine zu beobachten. Während der Zugzeit überfliegen viele seltene Zugvogelarten wie die Zwergrohrdommel oder der Silberreiher, abgesehen von den vielen Singvögeln, den Park.

Landschaftsliebhaber, Botaniker und kulturell interessierte Besucher, aber auch Schnorchler und Schwimmer können im Gebiet um Alonnisos auf ihre Kosten kommen. Die Gewässer im Park gehören zu den saubersten Gebieten des Mittelmeers und beherbergen eine reiche marine Fauna und Flora.

Für einen Besuch auf Alonnisos empfehlen sich das Frühjahr und der Herbst, also die Vor- und Nachsaison. Im Juli und August wird die Insel von vielen Badeurlaubern und leider auch von zum Teil noch illegal fischenden Harpunen-Touristen besucht. Die Hafenpolizei bemüht sich jedoch nach Kräften, das illegale Harpunenfischen zu unterbinden, und hat auch schon einige saftige Strafen verhängt.

In der Hochsaison kann es schon mal vorkommen, daß man kein Zimmer mehr auf Alonnisos findet, wenn man nicht rechtzeitig im voraus gebucht hatte. Die Hochsaison hat letztlich aber den Vorteil, daß mehr Bootstouren in den Park angeboten werden als im Frühjahr.

Mit Informationen hilfreich: das EURONATUR-Zentrum auf Alonnisos

Das Naturschutz-Informationszentrum von EURONATUR und *Ecological and Cultural Movement of Alonnisos* im Hafen von Patitiri und das dortige Reisebüro *Ikos-Travel* informieren, welche Möglichkeiten es je nach Saison und Wetterlage gibt, die Natur im Bereich des Parks kennenzulernen.

Rechts: Die Nördlichen Sporaden sind ein Segelparadies. Werden die Nationalparkbestimmungen beachtet, ist dieser Sport kein Problem für den Park.
Unten: Im Frühling sind die Flächen der Olivenanlagen von abertausenden Blüten überzogen.

Allgemeine Reiseinformationen

Zur Einreise nach Griechenland genügt für deutsche Bundesbürger und Staatsangehörige anderer Länder der Europäischen Union der Personalausweis. Landeswährung ist die Drachme. Es empfiehlt sich, bis auf einen kleineren Betrag für den aktuellen Bedarf bei der Ankunft, erst in Griechenland zu wechseln, da der Drachmen-Kurs dort meist wesentlich günstiger ist als in Deutschland. Neben Bargeld nehmen fast alle Banken Euroschecks und Traveller-Schecks an. Kreditkarten werden in vielen Läden und Restaurants, vor allem in den touristischen Zentren, mehr und mehr akzeptiert. In Griechenland gilt die Osteuropäische Zeit mit einer Stunde Verschiebung zur Mitteleuropäischen Zeit.

Anreise nach Griechenland

Anreise mit der Eisenbahn

Die Anfahrt mit der Eisenbahn ist sicherlich die umweltfreundlichste Art zu reisen. Durch den Bürgerkrieg im ehemaligen Jugoslawien ist die Anreise mit dem Zug jedoch erschwert. Fuhren früher täglich je zwei Züge von Deutschland aus über das ehemalige Jugoslawien nach Thessaloniki und Athen, so gibt es heute wöchentlich nur noch fünf Verbindungen. Die Züge fahren nicht mehr über Kroatien, sondern über Salzburg, Wien, Budapest, Subotica und Belgrad. Weil diese Strecke überlastet ist, kann es zu Verspätungen kommen. Die Fahrtzeit beträgt knapp vierzig Stunden. Platzkarten sind unbedingt erforderlich, da die Züge oft stark belegt sind.

Von München aus besteht die Möglichkeit, mit dem Autoreisezug das Fahrzeug mit nach Griechenland zu nehmen. Dies ist jedoch nur für denjenigen sinnvoll, der eine Rundreise in Griechenland

unternehmen will und nur zu einem Abstecher auf die Sporaden-Inseln kommt. Wer ausschließlich die Nördlichen Sporaden besuchen will, und dies ist allemal lohnend, benötigt vor Ort kein Auto und sollte deshalb darauf verzichten. Bei der Anreise mit der Bahn muß vor Diebstahl gewarnt werden.

Von Thessaloniki aus gibt es mit Tragflügelbooten und Fähren mehrmals wöchentlich Verbindungen (nur in den Sommermonaten) zu den Inseln Skiathos, Skopelos und Alonnisos.

Es besteht auch die Möglichkeit, mit dem Zug nach Larissa und dann von dort mit dem Bus nach Volos zu reisen und von Volos die mehrmals täglich verkehrenden Tragflügelboote und Fähren auf die Inseln Skiathos, Skopelos und Alonnisos zu nehmen. Wer zunächst nach Athen möchte, kann von dort mit einem Bus der Schiffahrtsgesellschaft *Ceres* nach Agios Konstantinos fahren und dann das Tragflügelboot („Flying Dolphin") besteigen.

Wer vor einer Anreise durch das ehemalige Jugoslawien zurückschreckt, dem sei die Anfahrt mit Zug und Fähre über Italien empfohlen. Von Deutschland aus gibt es tägliche Verbindungen zu den beiden wichtigsten Fährhäfen Ancona und Brindisi. Die Fahrt mit der Fähre dauert von Ancona nach Patras etwa 32 Stunden und von Brindisi nach Patras zirka 20 Stunden. Zwischen Ancona und Patras gibt es mehrmals wöchentlich eine 24-Stunden-Verbindung und von Ancona nach Igoumenitsa (nur in der Hauptsaison) eine 18-Stunden-Verbindung. Außerdem verkehrt eine neue Schnellfähre zwischen Ancona und Patras, die diese Strecke in nur 20 Stunden bewältigt.

Von Patras aus ist es zweckmäßig, mit dem Zug nach Athen weiterzureisen und von dort wiederum in Kombination von Bus und Tragflügelboot auf die Sporaden. Für Naturfreunde ist die Fahrt mit dem Bus von Igoumenitsa über Ioannina und Larissa nach Volos empfehlenswerter. Dieser Anfahrtsweg ist zwar wegen des mehrmaligen Umsteigens umständlicher und weniger bequem als die Route über Athen, jedoch können Reisende mit Zeit unterwegs einen Abstecher zu den Meteora-Klöstern machen und das Pindos-Gebirge kennenlernen. Von Volos aus kann der Inselbesucher dann wieder mit der Fähre und dem Tragflügelboot auf die Sporaden gelangen.

Links: Anlaufstelle für den Meeresnationalpark ist der Hafen von Patitiri.
Oben: Licht und Schatten, Hausruinen und eine mediterrane Pflanzenwelt zaubern bunte Ansichten in den Gassen von Alt-Alonnisos.

Für junge Leute bis 26 Jahre bietet sich das Interrail-Ticket der Bahn an, welches freie Fahrt in den meisten europäischen Ländern ermöglicht. Die Fähr-

verbindung Brindis–Korfu–Igoumenitsa–Patras ist im Preis für das Ticket enthalten.

Weitere aktuelle Informationen über Bahnreisen nach Griechenland gibt es bei der Deutschen Bahn AG und bei allen DER-Reisebüros.

Links: Selbstgesteckte Blumengirlanden an einer Haustür in Alt-Alonnisos. Einladung zur erlebnisreichen Natur-Tour.

Mehr und mehr verschwinden die Esel in Griechenland, da sie kaum noch als Lasttiere gebraucht werden.

Anreise mit dem Flugzeug

Lufthansa und Olympic Airways fliegen Thessaloniki und Athen von den wichtigsten deutschen Flughäfen aus täglich an. Für diese Linienflüge gibt es Sonderpreise, wenn der Flug mindestens ein Wochenende einschließt. Informationen über Sondertarife und die günstigen „Flieg&Spar"-Tarife der Deutschen Lufthansa erhält man in den Lufthansa City-Centern oder bei jedem Reisebüro.

Die Insel Skiathos wird von April bis Oktober von Deutschland aus mit Chartermaschinen mehrmals wöchentlich auch direkt angeflogen. Für nähere Informationen wende man sich ebenfalls an ein Reisebüro. Von Athen aus gibt es mit Olympic Airways täglich eine Flugverbindung mit der Insel Skiathos. Dieser Flug kann schon in Deutschland in jedem Reisebüro im voraus gebucht werden. Allerdings sind bei innergriechischen Flügen Verspätungen und Ausfälle, zum Beispiel durch Streik oder schlechtes Wetter, miteinzukalkulieren. Bei der Ankunft im Flughafen von Skiathos kann man mit einem der häufig verkehrenden Tragflügelboote nach Alonnisos übersetzen.

Anreise mit dem Bus

Die Anfahrt mit dem Europabus ist die preiswerteste Möglichkeit, nach Griechenland zu reisen. Die Busse fahren über Ungarn und Restjugoslawien nach Thessaloniki und Athen. Die Fahrt dauert etwa 40 Stunden. Informationen über aktuelle Preise und Verbindungen gibt es bei der Deutschen Touring GmbH „Europabus", Am Römerhof 17, D-60486 Frankfurt, Telefon 069-7903249.

Anreise mit dem Pkw

Die Anreise mit dem Auto empfiehlt sich nur für solche Reisende, die mehrere Regionen des Balkanlandes besuchen wollen. Für einen ausschließlichen Besuch im Bereich des Meeresnationalparks „Nördliche Sporaden" ist ein Auto nicht erforderlich und nicht sinnvoll.

Nach dem Bürgerkrieg im ehemaligen Jugoslawien ist der traditionelle Anfahrtsweg über den Autoput nach Griechenland nicht mehr sicher befahrbar, und dies dürfte noch einige Zeit so bleiben. Die Ausweichstrecke über Ungarn, Rumänien und Bulgarien ist nicht empfehlenswert, da sich die Straßen dort in sehr schlechtem Zustand befinden und beim Grenzübertritt nach Rumänien und Bulgarien Visagebühren anfallen. Wer den „Balkan-Trip" dennoch wagen möchte, sollte sich vorher ausführlich informieren, welche Transitbestimmungen jeweils aktuell für Rumänien und Bulgarien gelten. Eine weitere, zudem auch umweltfreundliche und weniger nervenaufreibende Art des Anreisens mit dem Auto ist die Fahrt mit dem Autoreisezug nach Griechenland. Informationen hierzu gibt es bei der Deutschen Bahn AG und in den DER-Reisebüros.

Die dritte Möglichkeit der Anreise ist der kombinierte Land-See-Weg über Italien. Von Ancona und Brindisi aus kann man sich mit der Fähre nach Igoumenitsa und Patras einschiffen. Seit neuestem gibt es mehrmals wöchentlich Expreßverbindungen zwischen Ancona und Patras (24 beziehungsweise 20

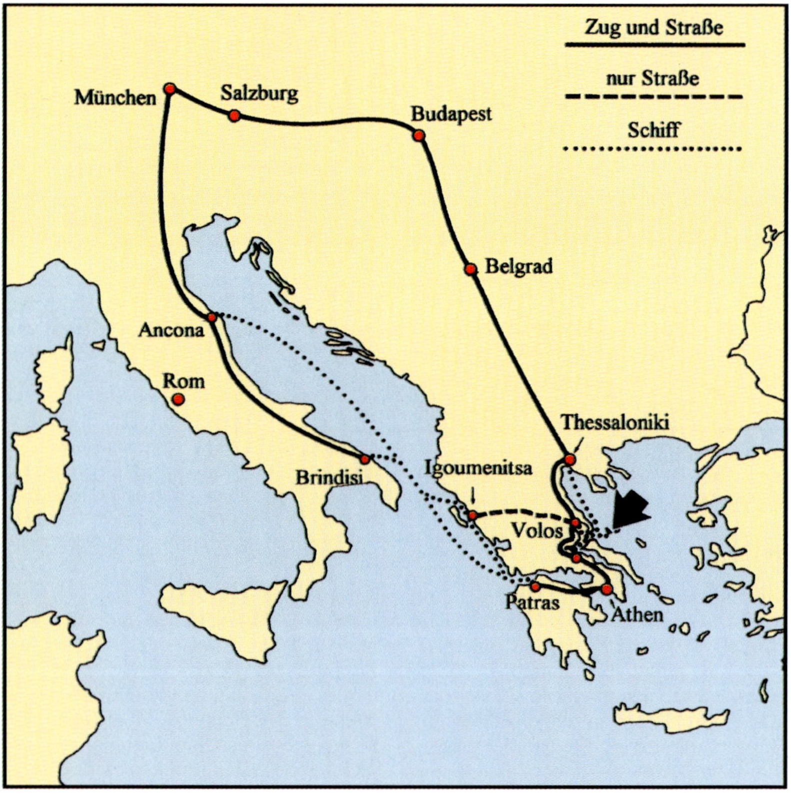

Stunden) und Igoumenitsa (18 Stunden). Dies ist insofern interessant, als auf den „Expreßdampfern“ Wohnmobile und Wohnwagen campen können. Hierbei muß beachtet werden, daß in der Hochsaison rechtzeitige Reservierung empfehlenswert ist. Eine Buchung ist in jedem Reisebüro möglich. In der Nebensaison sind die Fähren erheblich billiger.

Grundsätzlich ist eine Anfahrt über den Fährhafen Ancona empfehlenswerter als über den 550 Kilometer südlicher liegenden Hafen Brindisi, da sich die Preise für die Überfahrt bei Hinzurechnung der italienischen Autobahngebühren nur unwesentlich unterscheiden.

Um auf die Nördlichen Sporaden zu gelangen, nimmt man das Schiff bis nach Igoumenitsa und fährt von dort mit dem Wagen nach Ioannina und weiter über den Katara-Paß nach Larissa und Volos. Unterwegs bietet sich ein Abstecher zu den Meteora-Klöstern an. Die Fahrtzeit nach Volos beträgt, bedingt durch die Paßstraßen über das Pindos-Gebirge, für die 400 Kilometer zirka acht Stunden. Von Volos fahren regelmäßig Autofähren und Tragflügelboote nach Skiathos, Skopelos und Alonnisos. Die Mitnahme eines Fahrzeugs nach Alonnisos ist eigentlich nicht notwendig, da es nur wenige befahrbare Straßen auf der Insel gibt. Man sollte sich also genau überlegen, ob eine Anreise mit dem Pkw überhaupt sinnvoll ist. Wer sich trotzdem für die Reise mit dem Automobil entscheidet, kann weitere Hinweise zur Anfahrt nach Griechenland beim ADAC oder VCD (Verkehrsclub Deutschland) erhalten.

Anreise von Athen, Thessaloniki und Volos

Anreise von Athen

Von Athen aus kann man die Nördlichen Sporaden mit dem Flugzeug (siehe „Anreise mit dem Flugzeug“) und mit dem Bus, kombiniert mit dem Tragflügelboot, erreichen. In der Touristensaison fährt morgens und nachmittags ein Bus vom Athener Syntagma-Platz im Stadtzentrum nach Agios Konstantinos, von wo man dann mit dem Tragflügelboot nach Skiathos, Skopelos und Alonnisos übersetzen kann. Die Fahrt nach Alonnisos dauert insgesamt etwa fünfeinhalb Stunden. Drei Stunden ist man mit dem Bus und zweieinhalb Stunden mit dem Tragflügelboot unterwegs. Am Syntagma-Platz befindet sich ein Büro der Schiffahrtsgesellschaft Ceres, das Fahrkarten für den Bus und das Tragflügelboot verkauft.

Nähere Auskünfte über die Abfahrtszeiten können unter den Athener Telefonnummern von Ceres (4 28 00 01 oder 3 24 22 81) erfragt werden.

Der Östliche Erdbeerbaum wird drei bis fünf Meter hoch und ist eine typische Art der Macchie und der immergrünen Hartlaubwälder.

Anreise von Volos
Von Volos aus fahren nicht nur täglich Tragflügelboote auf die Sporaden, sondern auch Fährschiffe. Das Tragflügelboot braucht von Volos nach Alonnisos mit Halt in Skiathos und Skopelos etwa drei Stunden, das Fährschiff für dieselbe Strecke sechs Stunden.

Anreise von Thessaloniki
Von Thessaloniki aus fahren im Sommer mehrmals wöchentlich Tragflügelboote auf die Sporaden. Die „Flying Dolphins" verkehren jedoch nicht täglich, und bei schlechtem Wetter, was im Sommer durch den starken Meltimi-Wind öfters vorkommt, überhaupt nicht. Auskünfte können beim Ceres-Büro in Thessaloniki (031–54 74 07) eingeholt werden. Fährschiffe laufen von Thessaloniki unregelmäßig die Sporaden an.

Mietfahrzeuge in Griechenland
Mopeds und Autos, zum Teil auch Fahrräder können auf den Nördlichen Sporaden gemietet werden. Auf Alonnisos ist das Mieten eines Autos nicht empfehlenswert, da es ohnehin nur wenige befahrbare Straßen und außerdem nur wenige Mietwagen gibt. Es ist daher besser, sich in Alonnisos mit dem Insel-Bus zum alten Dorf Chora bringen zu lassen oder das Insel-Taxi zu benutzen. Zu den Badestränden kann man ohnehin mit Ausflugsbooten fahren. Wer dennoch ein Moped oder Auto mieten möchte, muß einen Paß oder ein ähnliches Dokument hinterlegen. Das Mindestalter für das Mieten eines Autos beträgt 21 Jahre, wobei das Vorzeigen eines nationalen Führerscheins genügt.

Reisezeit
Griechenland hat als Mittelmeerland sehr heiße Sommer. Temperaturen von über 30° Celsius im Schatten sind dabei durchaus normal. Gleichzeitig fällt den ganzen Sommer über, mit Ausnahme vereinzelter Gewitter, beinahe kein Regen. Eine Reise im Frühjahr oder im Herbst bietet neben den angenehmen Temperaturen gleichzeitig niedrigere Preise und weniger Touristen. Das Frühjahr ist durch das überwältigende Blütenmeer ohnehin die schönste Reisezeit. Der Winter ist ebenfalls lohnenswert, jedoch im Hinblick auf die Temperaturen nicht kalkulierbar. Angenehme Temperaturen mit viel Sonne wechseln sich mit kalten Regentagen ab. Der kälteste Monat ist meist der Februar. Dafür gibt es im Winter keine Touristen und so niedrige Preise wie zu keiner anderen Jahreszeit. Bedacht werden muß allerdings, daß die Hotels in Griechenland oftmals nur unzureichend beheizt werden.

Unterkünfte auf den Nördlichen Sporaden
Auf den Nördlichen Sporaden, insbesondere auf den Inseln Skiathos und Skopelos, gibt es Hotels und Pensionen jeder Kategorie und Preisklasse. Außerdem werden viele Privatzimmer angeboten, und auch Campingplätze sind in ausreichender Zahl vorhanden. Wildes Zelten ist streng verboten, und mit Rücksicht auf die Natur sollte darauf auch verzichtet werden.

Die Insel Alonnisos ist im Vergleich zu anderen griechischen Inseln noch relativ wenig touristisch entwickelt. Im August kann es durchaus vorkommen, daß alle Unterkünfte ausgebucht sind. Bis auf die Monate Juli und August ist es jedoch ruhig, und es empfiehlt sich ohnehin, die Insel in der Vor- oder Nachsaison zu besuchen. Auf Alonnisos gibt es Mittelklassehotels und vor allem Privatzimmer. Die Hotels sind meist in Familienbesitz und haben eine angenehme und gastfreundliche Atmosphäre.

Seit neuestem bemühen sich verschiedene Hotels um eine umweltfreundlichere Betriebsführung, und so wird zunehmend etwa beim Frühstück auf Einwegverpackungen verzichtet, und die Gäste erhalten Tips für ein umweltfreundliches Verhalten auf Alonnisos. Die lokale Naturschutzgruppe *Ecological and Cultural Movement of Alonnisos* unterstützt und berät die Hotelbesitzer bei diesem Vorhaben. Ohne als „Öko-Imperialist“ aufzutreten, kann jeder einzelne Besucher mithelfen, den Prozeß der Umstellung bisheriger Wirtschaftsweisen auf eine umweltfreundlichere Hotel- und Gaststättenführung zu unterstützen.

Eine mit freundlichem Lächeln vorgebrachte Frage, warum denn die Tische immer noch mit Plastik anstatt mit Papier abgedeckt werden, oder warum es die Marmelade nicht aus dem offenen Glas gibt, kann in der Summe mit den Hinweisen vieler anderer Reisender Wunder bewirken. Auch beim umweltfreundlichen Tourismus ist es wie überall auf der Welt: Wo keine Nachfrage (im wahrsten Sinne des Wortes) da ist, wird es auch kein entsprechendes Angebot geben.

Deutsche Reiseveranstalter haben die Sporaden in ihr Programm aufgenommen. Alltours, Attika, ISTS, Jahn, Kreutzer, TUI und Unger bieten Reisen nach Alonnisos, Skiathos oder Skopelos an. Buchung und Information bei den Geschäftsstellen des ADAC. Wer ein Hotel- oder Privatzimmer buchen möchte, kann sich auch an das Reisebüro Ikos Travel auf Alonnisos wenden. Pakis Athanassiou, Büroinhaber von Ikos Travel, ist Mitbegründer des *Ecological and Cultural Movement of Alonnisos,* spricht sehr gut Englisch und kann bei der Buchung beraten. Außerdem dient das Büro als Agentur der Schiffahrtsgesellschaft Ceres auf Alonnisos und gibt Auskünfte über die Abfahrtszeiten der Tragflügelboote. Die Adresse finden Sie auf Seite 149.

Mit traditionellen Segelschiffen kann man Touren in den Meeresnationalpark „Nördliche Sporaden" unternehmen.

Touren im Meeres-nationalpark

Erholungsurlaub und eine naturkundliche Studienreise lassen sich auf der Insel Alonnisos bestens miteinander verbinden. Flora und Fauna von Alonnisos, die mit denen anderer Inseln der Nördlichen Sporaden vergleichbar sind, kann man auf Wanderungen und Spaziergängen entdecken. Außerdem können mit den Tragflügelbooten Tagesexkursionen auf die anderen Inseln, wie etwa Skopelos, unternommen werden. Beim Schnorcheln lassen sich die Geheimnisse der Unterwasserwelt erforschen, denn die Gewässer der Nördlichen Sporaden gehören zum Glück noch zu den fisch- und artenreichsten des Mittelmeeres. Alonnisos und die unbewohnte Nachbarinsel Peristera gehören zur Zone B des Nationalparks. Hier ist das Schnorcheln erlaubt, und es gelten keine absoluten Betretungsverbote.

Es versteht sich jedoch von selbst, daß erkennbar privates Gelände nur mit Erlaubnis der Eigentümer begangen wird und die kulturellen und sozialen Verhältnisse respektiert werden. Alonnisos ist in vielfacher Weise für den Nationalpark „Nördliche Sporaden“ bedeutsam. Als „Tor zum Park“ ist die Insel idealer Ausgangspunkt für das Kennenlernen der Nördlichen Sporaden. Außerdem ist die

Insel als Sitz der Parkverwaltung ausersehen. Nicht zu vergessen ist die wichtige Rolle, welche die Fischereikooperative von Alonnisos für den Schutz der Mittelmeer-Mönchsrobbe im Meeresnationalpark spielt.

Weil man Naturschutz nie gegen, sondern nur mit den Menschen der jeweiligen Region verwirklichen kann, ist die Integration der verschiedenen gesellschaftlichen Gruppen Grundvoraussetzung für erfolgreiche Projekte. Ohne die in der Kooperative von Alonnisos zusammengeschlossenen Fischer wäre der Meeresnationalpark in seiner jetzigen Form nie zustande gekommen.

Zone A mit den „Verlassenen Inseln“ ist der wichtigste Teil des Nationalparks. In dieser Zone gelten diese Vorschriften:

- Im Rahmen organisierter Bootstouren ist der Besuch der Bucht von Agios Petros und Planitis der Insel Kyra Panagia und des Klosters von Kyra Panagia erlaubt. Außerdem dürfen Touristen die Insel Psathoura besuchen. Die „Zyklopen-Höhle“ auf Jura ist gesperrt, und die Insel darf nicht betreten werden. Dies gilt auch für alle anderen Inseln des Parks und besonders für Piperi, die Kernzone. Piperi darf man sich mit dem Boot nur bis zum Abstand von drei Seemeilen nähern. Von allen anderen Inseln ist ein Abstand von der Küste von 400 Metern einzuhalten, wenn man mit dem eigenen Boot unterwegs ist.
- Das Sporttauchen, das Unterwasser- und Harpunenfischen und die Jagd (einzige Ausnahme bildet die Jagd auf Ziegen) sind im Park verboten.
- Zelten und offene Feuerstellen sind auf allen Inseln verboten.
- Letztlich sind alle Eingriffe an Land oder im Meer untersagt, die den Schutzzielen des Parks widersprechen. Da sich die Schutzbestimmungen auch geringfügig ändern können, muß man sich auf jeden Fall, wenn man mit dem eigenen Boot unterwegs ist, über die aktuellen Schutzbestimmungen bei der Hafenpolizei in Alonnisos erkundigen. Informationen über die aktuellen Schutzbestimmungen und Touren in den Park geben auch das Naturschutz-Informationszentrum von EURONATUR und das *Ecological and Cultural Movement of Alonnisos (ECMA)*, das sich gegenüber dem Hotel Alkyon unweit des Hafens von Patitiri befindet. Das Zentrum ist ganzjährig geöffnet.

Wanderrouten auf Alonnisos

Auf Initiative der *Stiftung Europäisches Naturerbe* und des *Ecological and Cultural Movement* der Insel wurde auf

Links: Der alte Eselspfad führt hinauf nach Alt-Alonnisos und lädt zu Natur-Erlebnis-Touren ein.
Oben: Ein kleines Wanderwegenetz, die „Ecological Hiking Trails", wurde zur Förderung eines „sanften Tourismus" von ECMA und EURONATUR aufgebaut.

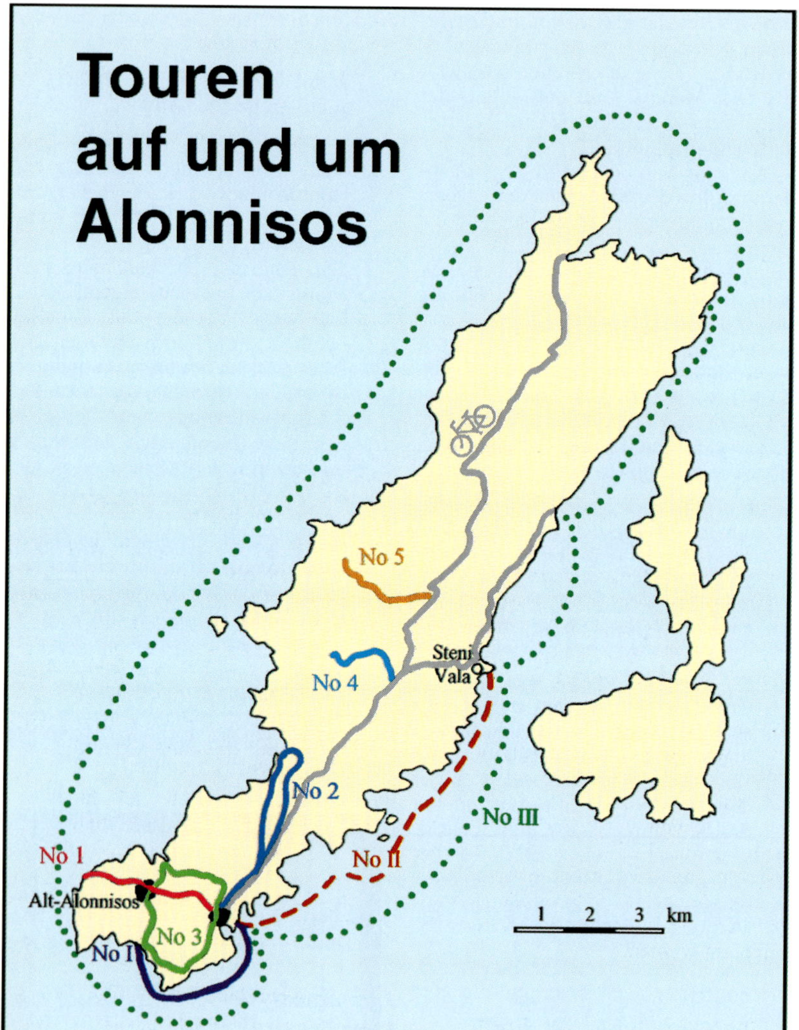

Alonnisos ein Wanderwegesystem markiert, so daß naturverbundene Besucher die Schönheit der Insel in Ruhe auf eigene Faust entdecken können. Der Ausgangspunkt der Wege ist jeweils mit einem Schild angezeigt.

Ecological Hiking Trail, Route 1

Von Patitiri nach Alt-Alonnisos

Von Patitiri führt ein Eselspfad durch Gärten und Felder hinauf nach Alt-Alonnisos (Chora). Der Aufstieg dauert bei strammem Gehen etwa eine halbe Stunde. Aber es bietet sich während der Wanderung vor allem im Frühjahr an, die blumenbunte Welt am Wegesrand und ihre vielfache Verzahnung mit alten Gärten, Brachflächen und Buschland zu entdecken.

Wo der alte, teilweise gepflasterte Eselspfad die Straße kreuzt, stößt man auf eigentümliche runde Plätze. Dies sind frühere Dreschplätze. Sie befinden sich an Stellen mit günstigen Winden, wo die Spreu auf ganz natürliche Weise vom Weizen getrennt werden konnte.

Nach der Besichtigung des Dorfes bietet sich der Aufenthalt in einer Taverne beim alten Mühlenturm an, um die herrlichen Ausblicke auf die Steilküste zu genießen. Von Alt-Alonnisos kann man dann am Friedhof vorbei auf einem Pfad am Kalovoulos-Berg zu einem schönen Aussichtspunkt gelangen. Von dort aus hat man einen grandiosen Blick auf die Insel Skopelos. Der Rückweg erfolgt auf demselben Weg. Im Sommer verkehrt ein Bus zwischen Patitiri und dem Dorf Chora (Alt-Alonnisos). Der Bus wurde von Prinz Sadruddin Aga Khan gestiftet. Der Prinz ist Ehrenbürger von Alonnisos und unterstützt den Meeresnationalpark „Nördliche Sporaden“. Für diese Tour sollte ein halber Tag eingeplant werden.

Ecological Hiking Trail, Route 2

Von Patitiri zur Kapelle Agia Anargiri

Der Weg verläuft von Patitiri entlang der Straße nach Steni Vala und biegt dann nach links ab, wo der Wanderweg als Abzweigung vom Sträßchen beginnt. Zunächst führt der Weg durch Gärten, Olivenhaine und Weinfelder und kreuzt dann einen Kiefernwald. Die malerische Kapelle Agia Anargiri aus dem 17. Jahrhundert liegt an der steilen Nordküste von Alonnisos. Von der kleinen Kapelle aus hat man einen der schönsten Ausblicke auf die Steilküste der Insel. Überwältigend ist es, von hier den Sonnenuntergang zu erleben.

Der Rückweg führt auf einem anderen Weg wieder durch Kiefernwald und Kulturland zum Ausgangspunkt. Für die reine Wegstrecke sollten gut zwei Stunden eingeplant werden

Ecological Hiking Trail, Route 3

Von Patitiri zum Strand von Megalo Mourtia und zum Dorf Chora (Alt-Alonnisos)

Von Patitiri aus folgt man dem Weg zum Marpounta-Hotel, einem Feriendorf mit Bungalows. Nach dem Hotel geht es auf einem Weg durch Kiefernwald und Macchie zum Strand von Megalo Mourtia, wo Bademöglichkeit besteht. Außerdem gibt es in Strandnähe einige Tavernen. Danach wandert man durch ein schönes Tal mit Olivenhainen und Macchie zum alten Dorf. Dort kann man dann entweder den alten Eselspfad nach Patitiri (siehe Route 1) nehmen oder dem Weg mit Blick auf die Nordküste weiter folgen, um schließlich nach Patitiri zu gelangen. Für die Strecke wird ein halber Tag benötigt.

Ecological Hiking Trail, Route 4

In den Bergen von Alonnisos

Der Ausgangspunkt für diese Route liegt an der Straße nach Gerakas und Steni Vala, kurz bevor sich die Straße teilt und nach Steni Vala abbiegt. Der Weg führt durch Kiefernwälder und Macchie auf einen Berg, von dem man bei schönem

Kleine Bänkchen am Wegesrand laden den Wanderer zum Verweilen ein.

Wetter herrliche Ausblicke auf die Inseln Skantzoura, Skyros, Euböa und sogar Piperi hat. Bei gemächlichem Gang sind für die Strecke gut drei Stunden erforderlich. Der Hin- und Rückweg ist derselbe. Danach kann man der Straße folgend nach Steni Vala gehen, wofür man etwa eine Stunde benötigt.

Ecological Hiking Trail, Route 5

Zur Kapelle Agios Konstantinos

Um zum Ausgangspunkt zu gelangen, folgt man der Straße nach Gerakas etwa zur Hälfte, wo dann ein Weg nach rechts zur Kapelle Agios Konstantinos abbiegt. Man kann dorthin etwa mit einem Taxi gelangen oder sich ein Moped mieten. Wichtig ist jedoch, daß man vor dem Beginn einen festen Abholtermin verabredet. Der Weg führt durch Kermeseichenbestände und Macchie. Man passiert ein großes, einem Steinbruch ähnliches Loch. Dort sollte vor einigen Jahren ein Flugplatz gebaut werden. Zum Glück wurden die Pläne jedoch nicht realisiert. Nach längerer Wegstrecke erreicht man ein Gehöft und biegt danach rechts ab. Über dem beeindruckenden wilden Tal liegt malerisch die kleine Kirche von Agios Konstantinos. Der Rückweg erfolgt auf derselben Route. Für reine Gehzeit sollten mindestens vier Stunden veranschlagt werden. Da es unterwegs keine Möglichkeiten zur Einkehr gibt, müssen ausreichend Getränk und Verpflegung mitgenommen werden.

Touren zu anderen Inseln

Tour 1 – Insel Kyra Panagia

Zur Insel Kyra Panagia im Meeresnationalpark kann man nur mit einer organisierten Bootstour gelangen. Erkundigen Sie sich beim Reisebüro Ikos-Travel in der Nähe des Naturschutz-Informationszentrums von EURONATUR und ECMA, wann solche Touren angeboten werden. In der Vorsaison kann es mitunter noch vorkommen, daß auf Grund mangelnder Nachfrage keine Tour zustande kommt.

Im Sommer macht gelegentlich der Meltemi den Reiseplänen einen Strich durch die Rechnung, und eine Bootsfahrt muß unter Umständen verschoben werden. EURONATUR und ECMA setzen sich jedoch dafür ein, daß künftig häufiger organisierte Fahrten stattfinden. Auch auf Skopelos bietet ein griechischer Biologe Touren mit einem traditionellen Segelschiff in den Park an. Bricht man von Patitiri mit dem Ausflugsboot auf, passiert man zunächst das Inselchen Kokkinokastro, auf dem Spuren menschlicher Besiedlung aus der Steinzeit gefunden wurden. Danach durchfährt man den „Kanal“ zwischen Alonnisos und der Insel Peristera. Im Süden liegt die Bucht von Vassilikos.

Kurz vor dem Ende von Alonnisos erblickt man ein wildes Tal und nach weiterer Fahrt eine Küstenhöhle, in der mitunter Fledermäuse beobachtet werden können. In der Ferne liegt dann schon die Insel Kyra Panagia. Bei der Überfahrt auf die Insel können mit etwas Glück Delphine und Sturmtaucher beobachtet werden. Im Westen von Kyra Panagia sieht man die Bucht von Agios Petros, bei der eine der ältesten Siedlungen der Ägäis gefunden wurde.

Mit dem Boot fährt man nun entlang der Steilküste von Kyra Panagia mit ihren imposanten geologischen Formationen. An der Steilküste jagen Eleonorenfalken, und am Uferrand sitzen Kormorane, und Krähenscharben trocknen ihr Gefieder. Erster Haltepunkt ist das Kloster. Von der Bucht steigt man eine zunächst steile Treppe zu den Gebäuden empor.

Vom Kloster aus bietet sich ein einzigartiger Blick auf die hoch emporragende wilde Insel Jura und die einsame Insel Piperi. In der Ferne ist bei gutem Wetter die kleine Insel Psathoura zu sehen. Im

Der Leuchtturm der Insel Psathoura. Die Insel im Park kann mit organisierten Touren besucht werden.

Kloster kann man die Kapelle und eine alte Öl- und Getreidemühle besichtigen. An diesem Ort läßt sich leicht vorstellen, wie mühevoll das einsame Leben der Athos-Mönche war, die hier früher in einer kleinen Gruppe gelebt haben.

Nach diesem Besuch geht die Fahrt dann weiter zur Bucht von Planitis, die eine der größten natürlichen Buchten des Mittelmeeres ist und zum Glück vollkommen unbebaut blieb. Bei der Rückfahrt über die glitzernde Ägäis erreicht man schließlich bei Sonnenuntergang wieder Alonnisos.

Tour 2 – Insel Psathoura

Die Fahrt zur Insel Psathoura ist etwa doppelt so weit wie die nach Kyra Panagia und wird deshalb nicht so oft unternommen. Es bietet sich an, am Kloster Kyra Panagia einen Halt einzulegen. Anschließend führt die Tour entlang der

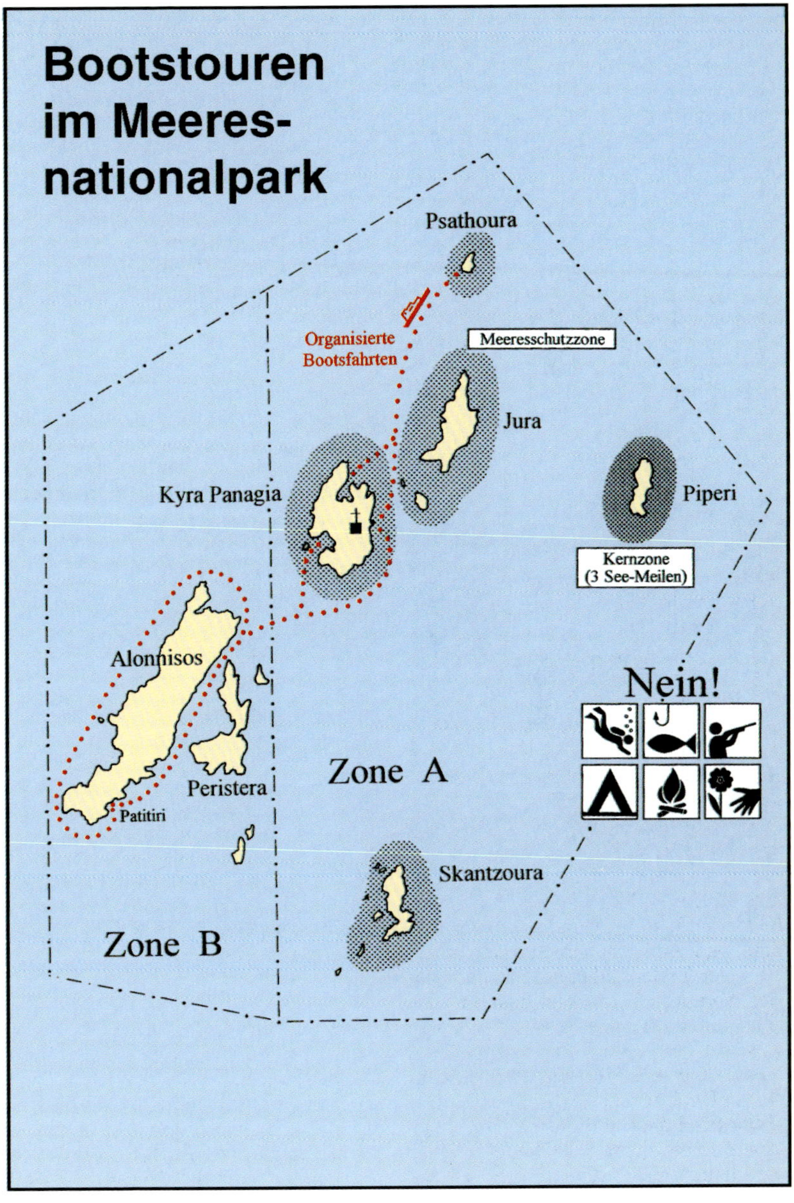
Bootstouren
im Meeres-
nationalpark
Psathoura
Organisierte
Bootsfahrten
Meeresschutzzone
Jura
Kyra Panagia
Piperi
Kernzone
(3 See-Meilen)
Alonnisos
Nein!
Zone A
Peristera
Patitiri
Skantzoura
Zone B

imposanten Steilküste der Insel Jura auf das flach im Meer liegende Psathoura zu. Psathoura ist die einzige aus vulkanischem Gestein bestehende Insel im Meeresnationalpark. Lohnenswert ist ein Besuch des Leuchtturms. Beeindruckend sind die großen Dornkugelbüsche, meist Dornbusch-Wolfsmilch, welche die Insel bedecken. Das Baden am Strand von Psathoura ist erlaubt.

Tour 3 – *Bucht von* Gerakas

Von Patitiri aus führt eine Straße quer über die Insel zu der bereits erwähnten sogenannten „Biologischen Station" von Gerakas. Auf dem Weg dorthin passiert man schöne Aleppokiefernwälder, malerische Olivenhaine, dichte Macchie und einen kleinen Kermeseichenwald. Die mit Geldern der Europäischen Union finanzierte „Biologische Station" wurde bislang so gut wie nicht genutzt. Auch ist das Gebäude für Forschungen kaum geeignet: ein Beispiel für eine europäische Fehlinvestition.

Tour 4 – Besuch des Fischerdorfes Steni Vala

Steni Vala kann man von Patitiri aus mit dem Fahrzeug und im Sommer auch per Boot erreichen (im Hafen von Patitiri erfragen). Bei der kleinen Ansiedlung befindet sich in einem Container das Rescue-Center für verletzt oder verwaist aufgefundene Mönchsrobben. Drei junge Mönchsrobben wurden hier schon versorgt und wieder in die Freiheit entlassen. In Steni Vala kann man in den Tavernen vor allem exzellenten frischen Fisch und andere Meeresfrüchte essen. Außerdem gibt es in der Umgebung auch schöne Badestrände: natürlich, wie fast überall auf Alonnisos, kiesige.

Touren außerhalb der Nördlichen Sporaden

Pilionhalbinsel

Im Nordosten von Volos erhebt sich das bewaldete Piliongebirge. Aufgrund der klimatischen Verhältnisse und der dichten Vegetation gibt es zahlreiche Wildbäche und Quellen. Der höchste Gipfel des „Pilion-Massivs" ist der Plissadi mit einer Höhe von 1548 m. Die Ostküste der Halbinsel fällt steil ins Meer, die

Die Fischer von Alonnisos haben Freundschaft mit den Mönchsrobben geschlossen. Eine Fischersfrau füttert eine Mönchsrobbe, die sich ohne Scheu für einige Zeit in der Nähe eines Fischerdorfes aufhielt.

Der Sägebarsch ist ein typischer Bewohner der Felsenküsten.

Westküste senkt sich jedoch sanft und buchtenreich zum Pagasitischen Golf hinab. Auf der Pilionhalbinsel, die in der griechischen Mythologie als Heimat des Zentauren galt, gibt es zahlreiche malerische Bergdörfer. Am bekanntesten ist das Dorf Zagora, das sich seine traditionelle Architektur erhalten konnte. Unter Naturfreunden ist die Halbinsel vor allem durch die einmalige Pflanzenwelt und ihre endemischen Pflanzenarten bekannt.

Insel Skyros

Zur Insel Skyros bestehen von Alonnisos aus Verbindungen mit dem Tragflügelboot oder mit der Fähre (wegen genauer Abfahrtstermine im Hafen erkundigen). Näheres zur Insel Skyros: siehe Abschnitt „Inselwelt in Steckbriefen".

Weitere naturkundlich interessante Gebiete in Mittelgriechenland

Der Besuch des Meeresnationalparks Nördliche Sporaden läßt sich gut mit einer naturkundlichen Tour durch Mittelgriechenland verbinden. So kann man beispielsweise eine Woche in Ruhe auf Alonnisos verbringen und dann zu verschiedenen Zielen auf dem Festland aufbrechen. Empfehlenswert ist beispielsweise eine Besteigung des Olymps oder ein Besuch der Meteora-Klöster bei Trikala. Außerdem bieten sich Touren zum Berg Ossa mit dem Pinios-Delta, dem Nationalpark Oros Iti oder gar zum Parnaß-Nationalpark mit dem berühmten Orakel von Delphi an. Für Ornithologen ist das Sperchios-Delta bei Lamia von Interesse, und wer über Thessaloniki anreist, kann einen Abstecher ins nahe Aliakmon-, Loudias- und Axios-Delta machen.

Kleines Naturschutzlexikon

Abrasion – Flächenhafte abtragende Tätigkeit der Brandung und der Wellenbewegung des Meeres an Küsten. Die Steilküsten der Nördlichen Sporaden sind meist Abrasions-Küsten.

Alpidische Orogenese – Gebirgsbildungsprozeß im Tertiär, der zur Bildung junger Faltengebirge wie der Alpen, aber auch des Pindos-Gebirges führte.

Andesit – Vulkanisches Ergußgestein (Vulkanit)

Dolomit – Gesteinsbildendes Mineral oder Gestein, welches hauptsächlich aus diesem Mineral besteht und aus Kalkstein (Dolomitisierung) entstanden ist.

ECOISLAND – Abgeschlossenes Projekt der Stiftung Europäisches Naturerbe (EURONATUR) zur nachhaltigen Entwicklung von Inselregionen, das von der Europäischen Union gefördert wurde. Sechs Inseln unterschiedlicher Länder beteiligten sich an dem Projekt, dessen Schwerpunkt die Entwicklung eines sozial- und naturverträglichen Tourismus war.

ECMA – Ecological and Cultural Movement of Alonnisos, lokale Naturschutzorganisation von Alonnisos.

endemisch – Beschränkung von Tier- oder Pflanzenarten auf ein begrenztes Gebiet, zum Beispiel Inseln, infolge erdgeschichtlich bedingter Entwicklungsprozesse.

Etesien – Regelmäßig wehende trokkene sommerliche Nordost- bis Nordwest-Winde über dem östlichen Mittelmeer.

EURONATUR – Abkürzung für Stiftung Europäisches Naturerbe.

Erosion – Abtragung von Boden und Gestein durch Einwirkung von Wasser und Wind.

Eulitoral – Lebensraum im Schwankungsbereich des Wasserspiegels,

Eustatische Meeresschwankungen – Schwankungen des Meeresspiegels beispielsweise während der Eiszeiten im Quartär, als riesige Wassermassen im Festlandeis gebunden waren. Dies führte unter anderem dazu, daß die meisten Inseln der Nördlichen Sporaden nicht durch Wasser voneinander und vom Festland getrennt waren.

eutroph – gut mit Nährstoffen versorgt, hohe Produktivität

Gri-Gri-Boote – Mittelgroße, handwerkliche Fischerboote, die nachts mit Lampen und großen Kreisschließnetzen fischen. Gri-Gri-Boote fischen oft illegal in Küstennähe und zerstören somit die Fischbruten. Deshalb ist diese Art zu fischen destruktiv für die marinen Lebewesen. Die Gri-Gri-Boote haben ihre Basis meist in den großen griechischen Küstenstädten wie Thessaloniki oder Kavala, von wo aus sie zu ihren Raubzügen auslaufen.

Ingressionsbucht – Bucht, die nicht durch Abrasion geschaffen, sondern im Laufe der Erdgeschichte durch einen Anstieg des Meeresspiegels überflutet wurde.

Interglazial – Zwischeneiszeit oder Warmzeit zwischen zwei Eiszeiten.

Kaiki – Bezeichnung für traditionelle griechische Fischerboote, die handwerklich, meist auf kleinen Werften, noch heute gefertigt werden.

Kafenion – Griechisches Kaffeehaus, in dem sich meist nur Männer treffen, um über Geschäfte und Politik zu diskutieren.

Karstkarren – Rillenförmige Klüfte, Furchen und Löcher, die durch Lösungsverwitterung auf Kalkgestein entstehen.

Litoral – Bezeichnung für Erscheinungen, Vorgänge und Formen, die zum Ufer- und Küstenbereich gehören.

Lithosole – Bezeichnung für Rohböden auf Festgestein.

Macchie – Immergrüne Hartlaubgebüschformationen des Mittelmeerraums aus ein bis drei Meter hohen immergrünen Sträuchern und Baumsträuchern. Macchien sind meist eine Degradationsform der früher im Mittelmeerraum vorherrschenden immergrünen Eichenwälder.

Meltemi – Griechische Bezeichnung für sommerliche Etesien-Winde (siehe auch Etesien).

Mesozoikum – Erdmittelalter in der Entwicklung der Lebewesen. Umfaßt Trias, Jura und Kreidezeit.

Metamorphe Gesteine – Gesteine, die durch Druck- und Temperaturänderung unter Beibehaltung des kristallinen Zustands in der Erdkruste umgewandelt wurden.

Neogen – Bezeichnung für einen Zeitabschnitt im jüngeren Tertiär.

Neolithikum – Jungsteinzeit

Pelagial – Lebensraum des freien Wassers, also außerhalb des Litorals.

Phrygana – Ostmediterrane Hartlaubvegetation in Form einer Strauchheide, die auf trockenen und felsigen Standorten vorkommt. Bei der Phrygana handelt es sich wie bei der Macchie meist um eine vom Menschen beeinflußte Degradationsform der Mittelmeervegetation. Die Phrygana ist mit der Garrigue vergleichbar, enthält jedoch mehr ostmediterrane Florenelemente.

Phytonplankton – Pflanzliches Plankton (Algen)

Rendzinen – Flachgründige Böden auf Kalkgestein.

Ruderalpflanzen – Pflanzen, die sich mit Vorliebe an Gebäuden oder im engeren Einwirkungsbereich des Menschen ansiedeln.

Sediment – Mineralische und organische Ablagerungen am Gewässergrund.

Schelf – Flacher Küstenbereich im Meer bis 200 Meter Tiefe, der meist erst in jüngerer geologischer Zeit überflutet wurde. Hohe biologische Produktivität im Schelfbereich (Fischreichtum).

Sublitoral – Ständig überflutete Uferstreifen von Gewässern unterhalb der Niedrigwasserlinie.

Sukzession – (Vegetationsentwicklung): Zeitliche Abfolge von Lebensgemeinschaften, die im Idealfall zu einem stabilen, selbsterhaltenden Stadium (Klimax) führt.

Tektonik – Die Lehre vom Bau und den Bewegungsvorgängen der Erdkruste sowie den dafür verantwortlichen Kräften.

Tethys – Großes erdumspannendes „Mittelmeer“, das vom Erdaltertum bis ins Tertiär bestand.

Vorias – Bezeichnung für kalte nördliche Winde, die im Winter in der Ägäis wehen.

Dank

Besonderer Dank für das jahrelange Engagement für die Nördlichen Sporaden gilt Dr. Thomas Schultze-Westrum, Jannis Florus, Pavlos Drosakis und den Fischern von Alonnisos. Für vielfache Zusammenarbeit danken wir unserem Freund und Leiter des Naturschutz-Informationsbüros auf Alonnisos, Jannis Vlaikos, ebenso wie Pakis Athanassiou (Ikos Travel) und Mary Anagnostopoulo (Liadromia-Hotel) vom *Ecological and Cultural Movement of Alonnisos*. Ebenso danken wir für vielfache Kooperation der *Hotel-Owner-Association of Alonnisos*. Für die Durchführung von internationalen Naturschutz-Seminaren danken wir der Umweltakademie Baden-Württemberg und der Norddeutschen Naturschutzakademie. Für die Unterstützung des Projekts danken wir dem Zweiten Deutschen Fernsehen, das den Kampf um den Meeresnationalpark Nördliche Sporaden über viele Jahre hinweg konsequent begleitete. Hier gilt unsere Anerkennung Dr. Alfred Schmid und Dr. Renate Marel von der Redaktion „Telezoo“, Volker Angres, dem Leiter der ZDF-Umweltredaktion, und Petra Schulz und ihrem Team. Außerdem danken wir allen anderen Medien, die mitgeholfen haben, auf die schöne – aber auch fragile – Welt der Nördlichen Sporaden und deren Schutzbedürftigkeit aufmerksam zu machen.

Für mannigfaltige Hilfe und Unterstützung bei der Herstellung dieses Natur-Reiseführers und vielfache Initiativen zur Umweltvorsorge auf den Nördlichen Sporaden gilt unser herzlicher Dank: Daniel Cebrian, Jörg Hiller, Professor Georgia Kamari, Hubert Schaffer, Manuel San Felix, Professor Dr. Werner Mühlbauer, Michael Schwarz, Albert Esper, Robert Sauter, Dr. Kurt Obländer, Mark-Oliver Rödel, Gabriel Schwaderer, Ada Vlachoutsikou und Dr. Manuela Seifert.

Dank auch Monika Schaaf, Ilse Koller und allen anderen Mitarbeiterinnen, Mitarbeitern und ehrenamtlichen Helfern der Stiftung Europäisches Naturerbe. Schließlich danken wir Jürgen Resch und Ada Vlachoutsikou für das jahrelange Zusammenwirken, das auch zur Entstehung dieses Naturführers geführt hat. Für die Unterstützung des Projekts gilt ein besonderer Dank der Daimler-Benz AG, ohne deren Hilfe viele Initiativen nicht möglich gewesen wären.

Die Pillenbrennessel bewohnt stickstoffreiche Unkrautfluren und Wegränder. Im Bereich der Nördlichen Sporaden findet man diese Art oft in alten Hausruinen.

Adressen

Touristische Infostellen

Griechische Fremdenverkehrszentrale
Neue Mainzer Straße 22
60311 Frankfurt am Main
Tel.: 069-236561 bis 63

Österreich
Griechische Fremdenverkehrszentrale
Opernring 8, A-1010 Wien
Tel.: +43-222-525317 und 18

Schweiz
Griechische Fremdenverkehrszentrale
Löwenstraße 25, CH-8001 Zürich
Tel.: +41-1-2210105

Informationen zu Naturschutzfragen

EURONATUR
Stiftung Europäisches Naturerbe
Konstanzer Str. 22 , 78315 Radolfzell
Tel.: 07732-9272-0 Fax: 9272-22
-20 Schwarderer

Information Centre of EURONATURE and the Ecological and Cultural Movement of Alonnisos (ECMA) – Patitiri
GR-37005 Alonnisos – Greece
Tel./Fax: +30-424-65789

EURONATUR – Büro Bonn
Koblenzer Straße 9
53359 Rheinbach bei Bonn
Tel.: 02226-2045 Fax: 02226-17100

Anbieter von Natur-Exkursionsreisen in den Bereich der Nördlichen Sporaden

Ikos Travel
Pakis Athanassiou
GR-37005 Alonnisos Greece
Tel.: +30-424-65320 und 65648
Fax: +30-424-65321

NatourUmweltReisen
Kuthstraße 27–31, 51107 Köln
Tel.: 0221-2401525 Fax:878689

Weitere deutsche Reiseveranstalter haben die Sporaden ebenfalls in ihr Programm aufgenommen. Alltours, Attika, ISTS, Jahn, Kreuzer, TUI und Unger bieten Reisen nach Skopelos, Skiathos oder Alonnisos an. Buchung und Information in den Geschäftsstellen des ADAC.

Hotels auf Alonnisos

Anschriften der Hotels auf Alonnisos, die sich von EURONATUR beraten lassen. Die Anschrift für Alonnisos lautet jeweils: 37005 Alonnisos, Greece. Die Telefonvorwahl für Griechenland (von D aus): 00 30 und für Alonnisos 04 24, wobei die erste 0 bei einem Anruf aus Deutschland wegfällt:

Hotel Liadromia, Patitiri,
Tel.: 65521 und 65095, Fax: 65096

Hotel Paradise, Patitiri,
Tel.: 65160 und 65213, Fax: 65161

Hotel Galaxy, Patitiri,
Tel.: 65251 und 65363

Hotel Pantheon, Patitiri, Tel.: 65233

Hotel Marpounta, Marpounta,
Tel.: 65212 und 65219, Fax: 65173

Hotel Gorgona, Patitiri, Tel.: 65317

Hotel Atrium, Patitiri, Tel.: 65749

Pension Haravgi, Patitiri,
Tel.: 65189 und 65 090

Pension Kavos, Patitiri, Tel.: 65 083

Literatur

ARNOLD, E. N., und BURTON, J. A.: Pareys Reptilien- und Amphibienführer Europas. Hamburg, Berlin 1979.

ATTENBOROUGH, D.: The first Eden – The Mediterranean World and Men.

BANZHAF, W.: Ein Beitrag zur Avifauna Ost-Thessaliens und der Nördlichen Sporaden. Ornithologische Gesellschaft Bayern, B. XXI. H. 2, 1937.

BAYER, E., und BUTTLER, K.-P., und andere: Pflanzen des Mittelmeerraums. München 1986.

CAROLL, M.: Gates of the Wind. Athen 1991.

CAMPBELL, A.: Was lebt im Mittelmeer? Kosmos Naturführer. Stuttgart 1983.

CHRISTOU, K.: Managementplan für den Meeresnationalpark „Nördliche Sporaden". Athen 1988. (In griechischer Sprache mit englischer Zusammenfassung).

EBERLE, G.: Pflanzen am Mittelmeer. Frankfurt 1975.

ENGELMANN, W.-E., und andere: Lurche und Kriechtiere Europas. München 1986.

EP – EUROPÄISCHES PARLAMENT: Bericht über den Abschlußbericht der Kommission über die griechischen Inseln des Ägäischen Meeres. (KOM (92) 569 endg.) – C3-0026/93.

FEDERATION OF NATURE AND NATIONAL PARKS OF EUROPE, Hrsg.: Loving them to death? – Sustainable tourisme in Europe's Nature and National Parks. Grafenau 1993.

FOHRER, E., und KANZLER, P., und andere: Griechische Inseln. Erlangen 1987.

GÖTHEL, H.: Farbatlas Mittelmeerfauna – Niedere Tiere und Fische. Stuttgart 1992.

GRANDJOT, W.: Führer durch das Pflanzenreich der Mittelmeerländer. München 1991.

GRUBER, F., und SCHULTZE-WESTRUM, T.: Zur Taxonomie und Ökologie der Cycladen-Eidechse (Lacerta erhardii) von den Nördlichen Sporaden. Bonner Zoologische Beiträge 1971.

GÖRNER, M., und HACKETHAL, H.: Säugetiere Europas. München 1988.

GRUP BALEAR D'ORNITOLOGIA (GOB): El Archipelago de Cabrera – Un parque nacional en litigio. Mallorca 1990.

HAU, G., und VLAIKOS, J.: Model Project for Ecotourism in the National Marine Park of Northern Sporades, Alonnisos – A Proposal to the Greek Ministry of Tourism (unveröffentlicht). Alonnisos 1994.

HAU, G.: Natur- und sozialverträglicher Tourismus im Meeresnationalpark Nördliche Sporaden (Griechenland) – Möglichkeiten und Grenzen im Kontext europäischer Regionalpolitik und nachhaltiger Entwicklungsstrategien. (Unveröffentlichte Diplomarbeit). Tübingen 1995.

HELWIG, W.: Raubfischer in Hellas. Stuttgart 1991.

HOHL, R., Hrsg.: Die Entwicklungsgeschichte der Erde. Brockhaus Nachschlagewerk Geologie. Leipzig 1981.

HUTTER, C.-P., KELLER H., RIBBE, L., und WOHLERS, R.: Die Öko-Bremser – Schwarzbuch Umwelt Europa. Stuttgart/Wien 1993/1994.

HUTTER, C.-P. und THIELCKE, G.: Natur ohne Grenzen. Stuttgart/Wien 1990.

HUTTER, C.-P.: Schützt die Reptilien. Stuttgart/Wien 1994.

JACOBSHAGEN, V.: Geologie von Griechenland. Berlin/Stuttgart 1986.

KALLETAT, D.: Physische Geographie der Meere und Küsten. Stuttgart 1989.

KARBE, R. und LATERMANN-PRÖPPER, U.: Griechische Inseln – Nördliche Ägäis. Hamburg 1993.

KAMARI, G., PHITOS, D., SNOGERUP, B. und S.: Flora and vegetation of Yioura, Northern Sporades, Greece. In: Wildenowia 17, 1988.

KARPODINI-DITRIADI, E.: Die Griechischen Inseln. Athen 1987.

KAUTZKY, J.: Reiseführer Natur: Griechenland Festland und Küste. München 1993.

KOCK, K. und STORCH, G.: Testudo Marginata auf den Nördlichen Sporaden. Salamandra. Frankfurt 1979.

LESER, H. und HAAS, H.-D. und andere: Diercke Wörterbuch der Allgemeinen Geographie. Band 1 u. 2. München 1987.

LIENAU, C.: Griechenland, Wissenschaftliche Länderkunden B. 32. Darmstadt 1989.

LIENAU, C.: „Europapark" in Nordost-Griechenland? Berichte aus dem Arbeitsgebiet Entwicklungsforschung Heft 15. Münster 1989.

LIENAU, C.: Griechenland – Geographie eines Staates der europäischen Südperipherie. Wissenschaftliche Länderkunden. Band 32. Darmstadt 1989.

MAKATSCH, W.: Beobachtungen an einem Brutplatz der Korallenmöwe: Jahrbuch für Ornithologie 1968, B. 109.

MAKATSCH, W.: Wir bestimmen die Vögel Europas. Leipzig 1989.

MATSAKIS, J., et al.: Programme „Sporades du Nord". Athen 1985.

MINISTRY OF THE ENVIRONMENT, PLANNING AND PUBLIC WORKS – Division of the Environment, Section of Nature Conservation: Project proposal for financing within the context of MEDSPA: Pilot project for the establishment of the Marine Park, in N. Sporades concerning the protection of Monk Seals Monachus monachus. Athens July (unveröffentlicht) 1986.

MINISTRY OF THE ENVIRONMENT, PLANNING AND PUBLIC WORKS – Divison of the Environment, Section of Nature Conser-

vation: ACE Pilot Project 6611/19. Progress reports to the EEC (unveröffentlicht) 1987.
MÜLLER, H.: Fische Europas. München 1983.
NAVAL INTELLIGENCE DIVISON: Greece – Geographical Handbook. Series B. R. 516, 3 Bände. London 1944.
NOMOS MAGNESIA, Hrsg.: Regionalentwicklungsplan für die Inselgruppe der Nördlichen Sporaden. (In griechischer Sprache). Volos 1983.
PAPAGIANNOPOULOS, A.: Sporaden: Skiathos, Skopleos, Alonnisos – Geschichte, Archäologie, Fremdenverkehr. Thessaloniki.
PHILIPPSON, A.: Die griechischen Landschaften – Das Ägäische Meer und seine Inseln. Band IV. Frankfurt am Main 1959.
PHITOS, D.: Florula Sporadum. In: Phyton Annales Rei Botanicae Vol. 12. Graz 1967.
PRÄSIDENTIALDEKRET 519/92 VOM 28. MAI 1992: Kennzeichnung der Landes- und Meeresregion der Nördlichen Sporaden als Nationalpark.
RIEDEL, R.: Die Gärten des Poseidon. Wie lebt und stirbt das Mittelmeer. Wien 1989.
RIEDEL, R.: Fauna und Flora des Mittelmeeres. Hamburg/Berlin 1983.
ROTHER, K.: Der Mittelmeerraum – Ein geographischer Überblick. Stuttgart 1993.
SALM, R.V., (IUCN): Marine and Coastal Protected Areas. A Guide for Planners and Managers. Gland 1984.
SAMPSON, D.: Halonnesos – Deserted islands. Athen 1970.
SAMPSON, A.: Excavation at the cave of Cyclope on Jura. Athen 1994.
SCHREINER, K., Hrsg.: Richtig reisen, Griechische Inseln. Köln 1993.
SCHULTZE-WESTRUM, T.: Beobachtungen am Eleonorenfalken, In: Anzeiger der Bayrischen Ornithologischen Gesellschaft, Band VI, 1961.
SCHULTZE-WESTRUM, T.: Die Wildziegen der Ägäischen Inseln. In: Säugetierkundliche Mitteilungen, 11. Jg., H. 4, S. 145-182. München 1963.
SCHULTZE-WESTRUM, T. und BUCHHOLZ, K.: Zur Kenntnis der Schlangenfauna der Nördlichen Sporaden. Zoologischer Anzeiger Bd. 173, H. 2, 1964.
SCHULTZE-WESTRUM, T.: Brief an Mr. Marinos Yeroulanos (griechisches Umweltministerium) bezüglich: „Physical Planning on the Northern Sporades, Aegean Sea". München 1976.
SCHULTZE-WESTRUM, T.: Brief an Mr. B. Antipas (Hellenic Society for the Protection of Nature) bezüglich: Establishment of a conservation area in the Northern Sporades. München 1977.
SCHULTZE-WESTRUM, T.: Declaration by the fishermen of Alonnisos concerning the proposed conservation area Northern Sporades. Alonnisos 1982.
SCHULTZE-WESTRUM, T.: Contributions to the administration of reserves for the Mediterranean Monk Seal (Monachus monachus). A report prepared for the DG XI of the Commission of the European Community. Brüssel 1984.
SCHULTZE-WESTRUM, T.: Remarks and suggestions in relation to the Marine Park of Northern Sporades with particular reference to the Presidential Decree published 28th May 1992. Radolfzell 1992.
SCHULTZE-WESTRUM, T.: Das historische Dorf Kazaviti (Megalo Prinos) und seine natürliche Umwelt – Eine Studie mit Vorschlägen. Thassos 1994.
SCHÖNFELDER, P. und I.: Was blüht am Mittelmeer? Kosmos Naturführer. Stuttgart 1990.
SNOGERUP, S., PHITHOS, D., und KAMARI, G.: Flora and Vegetation of Kyra Panagia, Northern Sporades, Greece. Botanika Chronika 1991.
STIFTUNG EUROPÄISCHES NATURERBE, Hrsg.: Projektmappe Mönchsrobben. Radolfzell 1992.
STIFTUNG EUROPÄISCHES NATURERBE, Hrsg.: Athos-Projekt – Vorläufige Stellungnahme zu einigen Umweltaspekten der Mönchsrepublik Athos. Radolfzell, München, Thassos 1992.
THORWARTH, A.: Mittelmeer 2000 – Die nächsten Jahre entscheiden. Hamburg 1992.
TSOUNIS, G, und SFIKAS, G.: Ecotouristic Guide of Greece. Athens 1993.
UNESCO & MAB, Hrsg.: Iles mineures de la Mediterranée – Skiathos et Skopelos – Etudes interdisciplinaires de l' habitat humain dans les Ecosystemes insulaires. Paris 1981.
UNIVERSITY OF EDINBURGH: Sporades Islands Expedition 82. Edinburgh 1982.
VALENTIN, C.: Faszinierende Unterwasserwelt des Mittelmeeres. Hamburg 1986.
VLACHOUTSIKOU, A.: Educational Package about the Monk Seal. Athens 1994.
VLACHOUTSIKOU, A., and LAZARIDIS, J.: Monk Seals in Greece. A Report to the European Natural Heritage Fund. Radolfzell 1990.
VLACHOUTSIKOU, A.: WWF-Monk Seal Project on Zakynthos. Progress Report 1994.
WESEL, F.: Skiathos, Skopelos, Alonnisos: Griechenlands Nördliche Sporaden. Zürich 1990.
WORLD BANK/EUROPEAN INVESTMENT BANK: The environmental Program for the Mediterranean – Preserving a Shared Heritage and Managing a Common Resource. Washington 1990.

Register

Bildnachweis

Baumgartner: 7, 30, 123

Brändle 69o, 103o

Ebert 114

Fischer 94

Göthel 74, 88u, 89

Hau 2u, 11, 13, 16, 17, 18, 28, 31o, 32, 33o, 34, 36, 37, 38, 39o, 41, 46, 47, 48, 50, 52, 55, 57o, 57u, 58, 59, 61, 64, 65, 75, 79, 83, 84, 87, 91, 104, 105, 108, 110, 112, 116, 117, 118, 119, 122, 127o, 128, 133, 135, 137, 142, 144, Rückseite

Härle 106

Hutter 2o, 8, 9, 12, 15, 22, 23, 25u, 33u, 42, 43o, 43u, 45o, 56, 66, 67, 68, 70, 72, 80, 97, 98, 99u, 103u, 107o, 111, 120, 121, 125, 126, 127u, 129, 130o, 131, 136, 140, 141,

IFA-BILDERTEAM Titel

IFAW 85

Kamari 71o, 71u, 90

Karbe/Latermann 20, 21, 25o, 27u, 44, 45u,

Lang 10, 19, 24, 27o, 29, 60, 62, 69u, 130u, 132, 138, 143, 148, Umschlagseiten

Mayer-Blumenberg 109

Resch 40

Rödel: 99o, 100, 101, 102

San Felix 3, 78

Schultze-Westrum: 115

Schaffer 31u, 39u, 51, 53, 54, 73, 76, 77, 86, 88o, 124, 145,

Witt: 95

Wohte: 14, 49, 81, 92, 93, 96, 107u, 113

Weitere Natur-Reiseführer

Bodensee – Naturreichtum am Alpenrand

Deutschland – Von Annette Bernauer und Harald Jacoby, 1994; 176 Seiten, 160 Fotos und Abbildungen, davon 99 in Farbe. 24,- DM/SFr, 170 ÖS
ISBN 3-9803350-1-1

Mit seinem milden Klima und lieblichen Landschaften gibt der Bodensee einen Vorgeschmack auf den sonnigen Süden. Für Tausende von Zugvögeln sind die ruhigen Wasserflächen und Feuchtgebiete am Ufer wertvolle Winterquartiere oder letzte Rastplätze vor ihrem Flug über die Alpen. Maler und Schriftsteller, Touristen und Sommerfrischler fühlen sich vom See ebenso magisch angezogen und erliegen dem Reiz der heiteren Landschaft. Als Trinkwasserspeicher versorgt der Bodensee Millionen von Menschen weit über die Region hinaus.

Elbtalaue – Landschaft am großen Strom

Deutschland – Von Frank Neuschulz, Werner Plinz und Horst Wilkens, 1994; 152 Seiten, 166 Fotos und Abbildungen, davon 98 in Farbe. 24,- DM/SFr, 170 ÖS,
ISBN 3-9801641-8-7

An der unteren Mittelelbe zwischen Hamburg und Berlin hat sich entlang der ehemaligen Grenze eine einmalige Flußauenlandschaft erhalten. Seeadler, Biber, Gottesgnadenkraut und Sumpf-Wolfsmilch bietet diese Region Lebensraum. Auf ausgedehnten Überschwemmungswiesen suchen noch mehr als 200 Weißstorch-Paare nach Nahrung. Nach Öffnung der innerdeutschen Grenze haben die an die Elbe angrenzenden Bundesländer beschlossen, das Gebiet als Biosphärenreservat mit integriertem Nationalpark auszuweisen.

Drau und Mur – Leben durch Flußdynamik

Österreich, Slowenien, Ungarn und Kroatien – Von Martin Schneider-Jacoby, 1996;
152 Seiten, 109 Fotos und Abbildungen, davon 70 in Farbe.
24,- DM/SFr, 170 ÖS
ISBN 3-9803350-3-8

Drau und Mur sind die Lebensadern der Landschaft im Südosten Mitteleuropas. Zwischen Österreich, Slowenien, Ungarn und Kroatien fließen beide Flüsse in einem breiten Korridor aus Auwäldern, Altarmen, Wiesen, Weinbergen und malerischen Ortschaften bis zur Donau. Fischotter, Seeadler, Weiß- und Schwarzstörche, tausende Uferschwalben und fünfzig Libellen- und Fischarten nutzen diese dynamische Flußlandschaft als Lebensraum.

Extremadura – Naturreichtum durch Tradition

Spanien – Von Arndt Hampe, 1993;
160 Seiten, 143 Fotos und Abbildungen, davon 106 in Farbe.
24 DM/Sfr 170 ÖS
ISBN 3-9801641-7-9

Im Südwesten Spaniens liegt eine der ursprünglichsten Kulturlandschaften Südeuropas: Parkartige Stein- und Korkeichenwälder, weite Ebenen mit Steppencharakter und dichte Bergwälder prägen seit Menschengedenken die Extremadura. Ihre geringe Besiedlung und die extensive Landnutzung machen sie zu einem Rückzugsgebiet für eine Vielzahl bedrohter Tier- und Pflanzenarten. Pardelluchs, Mönchsgeier und Großtrappe finden hier noch einen Lebensraum. Millionen Zugvögel aus Mittel-, West- und Nordeuropa überwintern in der Extremadura.

Der Nestos – Leben zwischen Fluß und Meer

Nordost-Griechenland – Von Hans Jerrentrup und Jürgen Resch, 1989; 128 Seiten, 157 Fotos und Abbildungen, davon 93 in Farbe.
22,- DM/Sfr, 155 ÖS
ISBN 3-9801641-2-8

Im Nordosten Griechenlands liegt eines der bedeutendsten Feuchtgebiete Südosteuropas: eine viele Quadratkilometer große Flußauenlandschaft mit urwüchsigen Auwäldern, ausgedehnten Lagunensystemen und weiten Sandstränden. Spornkiebitz, Fischotter und Schreiadler fnden hier im Nestosdelta noch ihren Lebensraum. Der Fortbestand dieser einzigartigen Landschaft mit ihren seltenen Tier- und Pflanzenarten ist durch die fortschreitende Zerstörung der Feuchtgebiete hochgradig bedroht.

Save-Auen – Vielfalt durch Überschwemmung

Kroatien – Von Martin Schneider-Jacoby und Hartmut Ern, 1990; 136 Seiten, 140 Fotos und Abbildungen, davon 85 in Farbe.
22 DM/Sfr, 155 ÖS
ISBN 3-9801641-5-2

Im Südosten Kroatiens, hundert Kilometer östlich von Zagreb, ist bis heute eine in Europa einzigartige Flußaue mit einer reichhaltigen Tier- und Pflanzenwelt erhalten geblieben. Löffler, Seeadler, Fischotter und viele Zugvögel finden hier noch eine Heimat. Ausgedehnte Überschwemmungsflächen werden im Sommer von den Bauern in traditioneller Weise als Wiesen und Weiden genutzt. Ein Erfolg der EURONATUR-Arbeit ist die 1990 erfolgte Ausweisung einer 500 Quadratkilometer großen Auenlandschaft „Lonjsko Polje“ als Naturpark.

Weserbergland – Land der Gewässer

Deutschland – Von Bernd Gerken, B. Balsliemke, W. Güth und H.-D. Krus, 1994; *160 Seiten, 130 Abbildungen, davon 97 in Farbe. 24,- DM/SFr, 170 ÖS ISBN 3-9803350-0-3*

Beiderseits der Oberweser zwischen dem Eggegebirge als südlichem Ausläufer des Teutoburger Waldes und dem Solling erstreckt sich der Abschnitt des Weserberglandes, der mit seinen ausgedehnten Rotbuchenwäldern, alten Eichen-Hudewäldern, mit heckenreicher Acker- und Wiesenlandschaft und mit den vielfältigen, oft sehr naturnahen Gewässern zu einer der schönsten und reichsten Kulturlandschaften Deutschlands zählt.

Die Crau – Steinsteppe voller Leben

Südfrankreich/Provence – Von Andreas Megerle und Jürgen Resch, 1989; 116 Seiten, 80 Fotos und Abbildungen. 20 DM/SFr, 140 ÖS ISBN 3-9801641-0-1

Im Süden Frankreichs, nordöstlich der Camargue, liegt eine für europäische Verhältnisse ungewöhnliche Landschaft: eine mit Steinen übersäte Ebene, auf der auf einer Fläche von vielen tausend Hektar kein Baum wächst. Der Fortbestand dieser Landschaft mit ihren seltenen Tier- und Pflanzenarten und der Kultur der Schafwirtschaft ist hochgradig bedroht. EURONATUR unterstützt das Crau-Naturschutzprojekt seit 1987.

La Crau – Steppe vivante

(französische Fassung von „Die Crau – Steinsteppe voller Leben")
Von Gilles Cheylan, Andreas Megerle und Jürgen Resch, 1990;
116 Seiten, 80 Fotos und Abbildungen.
20,- DM/SFr, 140 ÖS
ISBN 3-9801641-1-X

Narew und Biebrza – Leben am europäischen Amazonas

Polen – Von Norbert Schäffer, 1996;
176 Seiten, 190 Fotos und Abbildungen, durchgehend in Farbe.
24,- DM/Sfr, 170 ÖS
ISBN 3- 931173-00-3

Im Nordosten Polens liegen die größten, weitgehend naturnahen Flußtäler Europas außerhalb der Länder der ehemaligen Sowjetunion. Extensiv genutztes Kultur- und nahezu unberührtes Naturland sind Lebensraum einer Vielzahl von zum Teil weltweit in ihrem Bestand bedrohten Vogelarten wie Seggenrohrsänger und Wachtelkönig. Die politischen Veränderungen in Polen und die Annäherung an die europäische Union werden für den Naturschutz in diesem Land große Chancen, aber auch Gefahren mit sich bringen.

Wolga-Delta – Naturoase zwischen Meer und Halbwüste

Rußland – Von Norbert Hölzel, German Russanow und Stefan Schleuning, 1996;
160 Seiten, ca. 174 Fotos und Abbildungen, überwiegend in Farbe.
24,- DM/Sfr, 170 ÖS
ISBN 3- 9803350-5-4

Am Nordrand des Kaspischen Meeres liegt eine Delta- und Auenlandschaft der Superlative, die hinsichtlich ihrer Flächenausdehnung und ihres Erhaltungszustandes in Europa keine Entsprechung mehr findet. Eingebettet in die weiten, menschenleeren Halbwüsten des Nordkaspischen Tieflandes dient das Wolga-Delta Millionen von Wasservögeln als Brut-, Mauser-, Rast- und Überwinterungsplatz.